エンカウンター スキルアップ

ホンネで語る「リーダーブック」

國分康孝
吉田隆江
加勇田修士
大関健道
朝日朋子
國分久子　編

図書文化

まえがき　リーダーに求められるもの

東京成徳大学教授　國分康孝

構成的グループエンカウンターのリーダー（実践者）に求められる能力が二つある。まず第一に、自己開示能力をあげたい。その理由は、メンバーに自己開示を期待する以上、リーダー自身が自己開示のモデリングの対象になる必要があるからである。ただし、精一杯に自己開示するわけではない。子どもが「そんなこと、ぼく言えないよ」と尻込みするほどに全力投球で自己開示しないほうがよい。メンバーのレディネスとモチベーションに適したモデリングである。強迫的に自己開示しない柔軟性が大事である。なかには事実や論理は語れるのだが、自分のことは語れないという教師がいる。この場合はエンカウンターの実施がやや授業に似てくるであろうが、まったく実施できないわけではない。

エンカウンターのリーダーに求められる第二の能力は自己主張能力である。「千万人といえども吾往かん」とか「義をみてせざるは勇なきなり」「われ石になりても叫ばん」

といった超自我に支えられた対決の気概が必要である。なぜならエンカウンターの四大技法のうち、二つ（インストラクションと介入）は自己主張能力が不可欠だからである。構成する（例、グループサイズ、時間、トピックの設定）には指示が不可欠である。受容、共感だけではエンカウンターのリーダーはつとまらない。

すなわち、間髪を入れず反応せねばならぬ場面がある。ためらっているとチャンスを逃してしまう。リーダーはいつでも自己主張できるように張りつめた心境でエンカウンターに臨んでいるのである。これはかなり迫力・気力のいる仕事である。

ではどうすれば、前述した二つの能力が高まるのであろうか。

自己開示能力を高めるには、リーダー自身が合宿制エンカウンターの体験コースに参加することである。もうひとつの方法は、自己開示を妨げている自分の内なるイラショナルビリーフを粉砕することである。

自己主張能力を高めるには、スーパーバイザーにつき合ってもらってエンカウンターを展開することである。自分をサポートしてくれる人がいるほうが、自己主張の勇気は出やすいからである。

目次

Contents

第3章　導入やインストラクションのコツ

第4章　エクササイズがうまくいかない!?

第7章 エンカウンター七不思議

構成的グループエンカウンターを学ぶには，書籍を読む方法，仲間同士で研修会を開く方法などがある。しかしできれば習熟したリーダーのもとでの集中的な体験をぜひお勧めしたい。以下の団体から研修会の情報を入手できる。　［編集者］

●SGEの体験講座を主催している団体

・國分カウンセリング研究会・構成的グループエンカウンターワークショップ「体験コース」「リーダーコース」。受付：応用教育研究所（Tel 03-3943-2510）。事務局：武南高等学校ガイダンスセンター（Tel 048-431-0483）。

体験コースの案内と勉強のしかた

・㈳日本図書文化協会・学級づくりのためのエンカウンター入門講座。受付：日本図書文化協会エンカウンター講座係（Tel 03-3947-7031）

・日本教育カウンセラー協会・教育カウンセラー養成講座。全６コマのうち１コマがSGE。問い合わせ：日本教育カウンセラー協会（Tel 03-3941-8049）

・日本カウンセリング学会・カウンセリング研修会。問い合わせ：筑波大学教育研究科田上研究室（Tel 03-3942-6833）

・全国学校教育相談学会・研修会。事務局：東京都立永福高等学校内・延藤修一（Tel 03-3325-3311）。

・東京カウンセリングスクール。問い合わせ：同事務局（Tel 03-3409-3363）

このほか全国の研修会・勉強会は巻末の「E-net2000　構成的グループエンカウンター公式ネットワーク」を参照のこと。

1

リーダーのスキルアップは教師の力量アップ

いまなぜリーダーの力を高めるのか

●なぜリーダーの力を高めるのか

構成的グループエンカウンターのリーダー（実践者）としてのスキルがアップすると、教師の力量がアップしてくる。少なくとも私自身はそう感じている。子どもたちとかかわる力がついてくると、教師自身の職業生活が楽しくなってくる。充実してくる。

いっぽう、リーダーの力が高まらないと、児童・生徒にとって、楽しくてかったためになり、児童・生徒自身がやってよかったと思えるエンカウンターにならない。どうか、さまざまなところで、コツコツ実践している先生に自信をつけていただきたい。先生自身に「やってよかった、自分のためになった」と思えるようになっていただきたいと願っている。

●力を高めるとは何か

エンカウンターでいう「力を高める」とは、「自己開示能力」と「自己主張能力」が高まり、リーダー自身がエンカウンターしやすくなることである。また、エンカウンターを実施するときの、実際面におけるスキル（技術）を会得するということでもある。本来はその人自身が体験して肌で感じ、体感したものが本物になっていくのだと思う。だから、エンカウンターのワークショップに参加するのがよい。一人でも多くの方に体験していただきたいという思いで、國分カウンセリング研究会では、体験コースを実施している。しかし、参加希望者の方が多く、みなさんの要望に応えることが十分にできていないのが現実である。また、シリーズの本を出版し続け、E-net2000をつくり出した、図書文化の東さんと渡辺さんのもとにも、質問が多数寄せられているという。

●力を高めるためのモデルに

紙上でその悩みに答えたい、スキルアップに一役買いたいと思って本書を出版することになった。その方法は、エンカウンターを実践している方々に、自己開示するつもりで書いていただいた。彼らの心の動きを通して、読者の方々がご自分の心の動きとエンカウンターしていただければ幸いである。こんなふうにリーダーの力量がついていくのだ、と思ってくだされればうれしい。エンカウンターリーダーのモデルだと思っていただければよい。決してうまくできているわけではないが、つまずきながらも「自分育て」をしている実践者の姿にふれてもらえればと思う。

また、各節の間にある「スキルアップ」は、実践のヒントにしていただきたい。國分カウンセリング研究会では、リーダー養成のワークショップも開催している。そこに紙上参加しているつもりで、自分の実践と照らし合わせていただけたら幸いである。

●マイベストのリーダーをめざして

私は「マイベスト」でありたいと思っている。今の自分の力を的確に判断しながら、少しずつ伸ばしていくことをよしとしている。エンカウンターのワークショップを体験すると、この「マイベスト」ができるようになる人が多い。今ここでの、ありのままの自分を受け入れやすくなり、小さなことに喜びを感じられるようになるからだろうか。

例えば、インストラクションがうまくなるだけでも、教師の力量アップになると喜ぶ私がいる。授業の方法とよく似ていると気づいたからである。適度なリーダー性がついて、説明の仕方が簡潔になる。だから、授業を進めるのも楽になった。「マイベスト」の教師は、児童・生徒にも「マイベスト」を伝えることができるのである。

［吉田隆江］

エンカウンターのいいリーダーとは

●身につけたい思想・態度

エンカウンターの思想は、一言で言えば「Being with」である。人は、共に生きる存在である。人が幸せに生きるとは、お互いの迷惑にならない範囲で、お互いがありたいように生きることである。そうするためには、お互いが本音を出しながら、お互いの考え方を認め合うことが必要となる。その「本音と本音のふれあいの場」がエンカウンターなのである。

エンカウンターのリーダーは、この思想に基づいて、参加者の幸福を考え、参加者の利益を守れる人である。参加者が、参加してよかったと思えるように、あたたかい雰囲気をつくる。参加者の立場を尊重して、お互いがふれあいやすいエクササイズを計画する。そして、参加者に本音で語り、他者の本音を真剣に受け止めることを求める。したがって、よいリーダーとは、あたたかさの中に計画性と厳しさを持ち合わせた人である。

●身につけたいスキル

リーダーには、感性とコミュニケーションの力を磨くことをお勧めしたい。

感性とは、その場の雰囲気をつかみ、相手の気持ちを察することができることである。コミュニケーションの力とは、気持ちを伝え、相手に共感できる「言葉」を持っていることである。

私は知人から次のような話を聞いた。その人は、夜間の大学院で國分康孝教授のゼミに参加して大変感銘を受け、その後、所属する研究会の講師をお願いするなど、とても世話になった。その後、國分教授とはしばらく会うことはなかったが、たまたま近くの学校で講演するというチラシが配られたので、ぜひ会って挨拶したいと考えた。國分教授に会ったらなんと言うべきか、当日、講師控室に入るまで、ずっと考えていた。ところが、控え室に入ると、國分教授はその人を見るなり、さっと立って微笑み、一言「久しぶりだねえ」と話した。その人は「まいった、これが感性だ」と感じたそうである。

今この場で感じていることを、短い言葉で相手に伝える。気持ちを込めて語り、相手にあたたかさを伝える。こうしたスキルを身につけたい。そのための一番の近道は、感性豊かな人とたくさんふれあい、その人から学び取ることである。多くの優れたリーダーたちは、こうしたスキルを身につけるために、自らエンカウンターの体験を重ねている。

●身につけたい資質

リーダーとしての技術はあとからついてくる。だから失敗をおそれず、参加者と共に学ぶ姿勢が大切である。次のような資質が、リーダーとしての力量を高めると考える。

① I am OK! であること。自分には自分のよさがある、とわかること。I am OK! であれば、リーダーも自己開示もできる。自己開示できるリーダーは、参加者にとって心強いモデルとなる。

② 役割を自覚し、困難な場面でも対決できること。エンカウンターはいつもうまくいくとはかぎらない。ときには強いリーダーシップが必要な場面もある。その時には、逃げないでリーダーとしての気持ちを語りたい。「不都合があれば、遠慮なく教えてほしい。だが、今は私がリーダーである。だから、今は私に従ってほしい」といった気概を、心に抱くことも必要である。

［朝日朋子］

エンカウンターが学校文化を変革する

私はエンカウンターで今の学校文化を変革したいと思っている。第一は「個性の伸長」を実現する文化の育成。第二は「生徒指導」と「カウンセリング」の統合である。

●エンカウンターは「個性の伸長」を実現する

これまでの教育に関する答申の中で、定番のように含まれてきた言葉に「個性の伸長」がある。これほどかけ声だけで終わってきた言葉も珍しい。いつになっても実現しないから答申のたびに登場するのだろう。

本音が大切に扱われなければ個性は育たない。日本の教育文化はまだまだ建前が支配している。そこで、エンカウンターが普及することで、日本の学校文化の変革が可能であることを強調したい。なぜか。エンカウンターは集団よりも個人を大切にするからである。エンカウンターは個人のための集団づくりをするからである。

ある母親からこんな話を聞いた。娘さんが小学六年生のとき、クラスの席がえがあった。担任が選んだ数名の班長が、自分の好きな子を取りっこするやり方である。担任は、最後まで残ってしまったある女の子に、「なぜ自分がいつも最後に残るのか考えろ」と怒った。その子は、特別太っていて、何をやるにも遅かった。そこにいた娘さんは「あたし、やだなあ。A子ちゃんみたいに最後に残ったら」と、帰ってから母親に告げた。十数年前の話である。ときどき新聞紙上に、同じように「悲しくて悔しい体験をした」という二十代、三十代の読者の声が載ることがある。

最近でも、首都圏の小学校で似たようなケースがあることを聞いたときには、まだこのような教育文化が残っているのかと複雑な思いであった。みんなと違うところを改めさせようとする教育的配慮が働いているのだろうが、個人への配慮が欠けている。このような同質化圧力の強い雰囲気の中からいじめが発生するのだろう。いつも人より遅れてしまう子も、いつも授業で答えられない子も、かけがえのない個人として尊重される体験ができるような文化をつくることが、学校教育の目的である。

「いいとこさがし」「私は人と違います。なぜならば…」「私はあなたが好きです。なぜならば…」「別れの花束」などのエクササイズは、どんな子にもいいところがあること、人と違うことはいいことであることを仲間同士で確め合い、学び合うことができる。このようなエンカウンターが日常的に実践されている学級では、いじめも学級崩壊もありえない。一人一人が尊重され、快適な居場所として学級が機能しているからである。

●エンカウンターは「生徒指導」と「カウンセリング」を統合する

生徒指導は管理的で強圧的なイメージ、カウンセリングは快楽原則だけが強調される治療的なイメージが定着してしまっている。生徒指導とカウンセリングを対立概念として受け止めている教師はまだ多い。子どもたちを援助する方法は、ときに厳しくときにやさしくが自然である。生徒指導が上手な教師はこのバランスがよくとれている。

育てるカウンセリングはこれを理論化したものである。その分野で中心的な役割を果たしているエンカウンターは、個人の成長とグループの成長を推進する教育的なアプローチの一つである。ふれあいを深めるエクササイズから、実存的な対決で個人の生き方が試されるエクササイズまで、グループの教育力を活用しながら展開される。このエンカウンタームーブメントが「生徒指導」と「カウンセリング」を統合し、日本の教育文化を変えていく。

［加勇田修士］

エンカウンターによる教師の自己成長とは

●スッキリしない現実

私は現在、教師生活二十数年を数える。学級担任で、三年生の学年主任で、理科を教え、教育相談担当。校務分掌は研究部で、野球部の監督である。ベテランと呼ばれることもあるが、授業の進め方や生徒とのかかわり方について今でも迷い悩むことが多い。

例えば野球部の生徒たち。運動部といえば指導者には素直に従うものだったが、生徒たちは監督の指導に対してなかなか敏感には動かない。この部活を任されて以来厳しく指導してきたが思ったようには成果を得られなかった。結果、一つ一つの練習の意味を説明したり、各人に一週間の目標と練習メニューを計画させるなど工夫が必要になった。

運動部でさえ強い指導だけでは立ちゆかない。学級経営では言わずもがなである。

●エンカウンターで「受容」に気づく

学級で行うエンカウンターは、本音のふれあいを促し気づきの豊かな人間関係をつくるのがねらいだ。教師は生徒の本音に耳を傾け、相手の本音を受容するモデルである。

そんなエンカウンターを教室で実施すると、子どもの本音を受け入れる大切さに私自身あらためて気づくことが多い。子どもの満足した表情や新鮮な一面にふれられるからだ。生徒を現実原則に従わせる指導が日常の中学教師にとっては「どうしてこんなに言うことに従わないのだ!」とカリカリしている自分を見直す機会になっている。

よくある話かもしれないが、初めて受け持った学級の女子たちが、私への抗議をこめて道徳の時間に一斉に筆箱を落とした。「えこひいきしている」「私たちの気持ちをわかってくれない」など不満がうっ積してとのことだった。生徒の考えを聞き自分の考えを伝えることを肝に銘じたこの経験は、エンカウンターと結び付き、今も生きている。

●受容して生じる「迷い」が教師の力量へ

クラスのある男子が髪を金色に染めて来たとき「君、なるほどそうしたかったんだね。君が髪を染めてきたのだからよっぽどの理由があったんだろうね」とはなかなか言えない。一対一の場面ならその可能性も余裕もあるが、クラス全員の前ではそうはいかない。彼が髪を染めてくるメッセージは私にもわかる。十分に時間をかけてかかわりたいが、衆人環視の中で教師が甘いことを言うと、周りの子どもたちに影響がでる。我も我もとまねをする生徒がでてくるのは防がねばならない。

結局、あまり生徒の話も聞かずに注意することになる。そして一日を終え、あれでよかったのか、長い目で見て生徒にとってプラスになるのだろうか、こちらの指導の意図が生徒に伝わっているのだろうかと、葛藤の波が押し寄せてくるのである。

●個人で、学校で、受容と指導を統合する

エンカウンターをやっていると、正解のない葛藤に対して自分や生徒の深い部分に問いながら道を模索するようになる。そして母性原理（受容）を基調にした父性原理（指導）が発揮できるリーダーシップが身に付くようになる。私は今、自分の中で受容と指導を統合する葛藤に慣れてきた。そして職員集団としてこの二者を統合することが大切だと思い始めている。受容の得意な教師と指導の得意な教師が、個々の特性を生かし合いながら生徒たちを包んでいくのである。そこで近ごろは校内で起こる問題行動や不登校、学級不適応などへの対応について学年会で話題にしてアイデアを出し合ったり、学年援助チームとしての協同実践をみんなで考えることが多くなっている。

［大関健道］

ワークショップへの参加状況や，校内研修を依頼される件数から得た私の感触で見ると，ＳＧＥは小中学校への広がりが圧倒的に多く，高校での普及はまだまだの感があった。

しかし，総合的な学習の時間の登場で，小中高を問わずＳＧＥへの関心が全国的に高まってきた。高校でも，総合高校の〈産業社会と人間〉の中での実践が増えている。

意外なところでの活用例としては，保護観察所の親の会でＳＧＥが用いられている。生島《しょうじま》浩氏（福島大学助教授）は，保護観察所で非行少年の立直りの援助にかかわっていたころ，孤

広がるエンカウンター

立しがちな親のリレーションづくりと子どもへの援助能力を高めることにＳＧＥを用いて効果をあげてきた。

大津ゆり氏（埼玉女子短期大学助教授）は短大や専門学校の観光学科で，ホスピタリティ論にＳＧＥの形式を取り入れて授業を展開している。彼女は指導の柱として，①その場にふさわしい挨拶のできる人になろう，②だれとでもコミュニケーションできる人になろう，③いいとこ探しの達人になろうを掲げ，この３つの目標がＳＧＥのめざす内容と一致していることに着目してきた。この講座にＳＧＥを取り入れているのは大津氏だけである。学生にも好評で，今後は短大の仕事に絞る予定でいたが，専門学校の仕事も抜けられそうにないとのことである。

ホスピタリティ・マネージメント学会の中に，ＳＧＥの手法を用いてその精神を広めていこうとする動きがあることを，今後も注目していきたい。

［加勇田修士］

2

初めて取り組む不安や疑問へ

カウンセリングになじみのない私にもできるのか

●まずやってみた

以前に県のカウンセラー養成講座の研修を受けたときのことだ。講師の先生から最初に、「カウンセリングの数ある技法の中で『自分はこれだ！』というものをぜひ身につけてもらいたい」と指導を受けた。しかし、身につける手段は文献を通してのほぼ自学自習。カウンセリングについて系統立てて学んだことはない。わからない用語に出合うたび、それにまつわる本を手当たりしだいに読んだ。カウンセリングの用語には、やたらとカタカナが多い。読むべき本ばかりが増え、私は困っていた。

そんなとき、『教師と生徒の人間づくり・エクササイズ実践記録集』（瀝々社）を紹介された。これがエンカウンターとの出会いである。とても気持ちが晴れ晴れとした。人間づくり……、そんなふうに前に打って出る感じに心が惹かれた。

國分康孝は、「おもしろくて、ためになり、かつ学問的背景がある」のが構成的グループエンカウンターだと書いている。私は学問的背景はぼちぼちつけていくことにして、まずは子どもにとって、おもしろくてためになる時間をつくり出してみようと考えた。やり方の想像がついて、単純そうなエクササイズから始めることにした。

●子どもたちがエンカウンターのよさを見つけてくれた!

子どもたちはエンカウンターを喜んだ。レクリエーションのような感覚でとらえたらしい。シェアリングのときに「振り返りカードに記入しよう」と配ると、「これさえなけりゃいいんだよな。いちいち書くのはめんどくさいよ」という子が出てきた。書いた内容も、「おもしろかった」や「特になし」の一言であった。

ああ、ためになるエンカウンターができるのは、いつの日になるのか……。

ゲーム的な要素の強いエクササイズから、互いに相手をどう思うかに焦点を当てたエクササイズに移行した日のこと。ある子が「エンカウンターって、みんなが仲よしになるための勉強だね」と言い出した。それらしき言葉は伝えてきたつもりだったが、こう言ってもらえるとがぜん勇気がわいてくる。

「学問的背景より、まずは実践」と始めたエンカウンターだったが、ためになる子が出てきていることにたいへん力づけられた。それからの私は、エクササイズに入るとき「これからみんなが仲よしになるための勉強を始めます」と言うことにしている。

●カウンセリング理論より大事なこと

こんな私の体験から、エンカウンターはカウンセリングの理論に詳しくなくても大丈夫だと言いたい。それよりも、一人一人の子どもがどんな気持ちでエクササイズに参加しているのか、心配りをしていくことが大切だ。エクササイズをうまくやるためではない。「この子はこんなふうに感じるんだ」「この子はこんな行動もするんだ」と、一人一人を再発見できるのがエンカウンターだと思うからだ。

一人一人、ていねいにかかわる。それはエクササイズの中であるかもしれないし、シェアリングのときかもしれない。あるいは終了後の休み時間や放課後の場合だってある。

エンカウンターに出会ってから、私はこれまで以上に子どもとかかわる密度が濃くなった。授業、休み時間、掃除、放課後と、子どもの気持ちをわかろうと思って行動したり話したりしている。それと同時に、私が感じた素直な気持ちを率直に子どもに伝えている。こういうことが、エンカウンターには一番大切なのだと思う。

●それでもカウンセリングを知っていたら…

ただこれまでを思い返すと、いまひとつのり気になっていない様子の子どもに出会う場面もあった。ものかげに隠れてしまおうとする子、関係のない私語の止まらない子、ちょっとしたことで不機嫌になってしまう子。これらの行動を引き起こしているものは何なのか、そして私はどう対処したらいいのか、迷いながらここまでやってきてしまった。そのたび、私はもっとカウンセリングを学ぶ必要があるなと感じてきた。こんなときに適切な援助は何なのか、その根拠がカウンセリングにあると思うからだ。

卒業式や終業式の前の日は、「別れの花束」で締めくくることにしている。相手のよいところや感謝の気持ちを、私を含めた全員が全員にコメントできるような、そんな関係づくりをしたいと考えているからだ。今年は六年生の何人もが泣いていた。涙のわけは感動だと言う。「このクラスでよかった」「友達って絶対に必要で、男子も女子も関係ないと知った」と語ってくれた。そして「エンカウンターって不思議ですね。私は少しものごとに素直になれました」というコメントに感動した。子どもたちとのよりよいかかわりのために、私自身の自己発見をめざして、勉強を続けていきたい。［原田友毛子］

経験に応じたエンカウンター

学級運営がうまくいかず、休職や退職に追い込まれた先生の話を聞くたびに心が痛む。学級が荒れたからといって教師失格だと思い込む必要はない。これはスキルの問題である。「個」を尊重した集団づくりのスキルを持てば解決する問題だ。すべての教師に「経験に応じたエンカウンター」のスキルを身につけてほしいと切に願っている。

「経験に応じる」とは

①間口が広く奥行きが深い

最初から完璧をめざせば壁にぶつかり挫折しやすい。エンカウンターは間口が広く奥行きが深い。初めてには初めてなりのやり方がある。やれることから始めるのがよい。本書では自信がなくてもやれる内容を第一ステップとして、順にステップアップをめざすことを勧める。ステップが上がるほどに体験講座への参加が大切になる。

②経験で変わる四つの力

エンカウンターのリーダーに大切な力が四つある。これらの力量によって展開できるエンカウンターが違ってくる。ぜひステップアップをめざしてほしい。

第一のカギは、リーダーの自己開示、自己受容の度合いである。リーダーがモデルになれば、メンバーも安心して自己開示・自己受容ができる。自分の内面・感情に目がいき、気づきを得やすくなるのである。

第二は、メンバー個人の内面・感情の変化、グループ全体の雰囲気の変化に応じて介入できる力である。ベースはエンカウンターの思想（一章二節）である。いくつかのカウンセリングの理論で支えられているので、基礎的なカウンセリングの学習が必須である。最終的には、困った子（トリックスター）が現れ混乱や事件が生じても、それをみんなの学びの場にできるようになるだろう（『エンカウンターで学級が変わる　中学校編パート2』國分久子）。

第三は、インフォームドコンセントの姿勢である。全体の雰囲気を見ながら、頭ごなしではなく、意識化や選択を迫り、契約を大切にするやり方が板に付くだろう。

第四は、目的やねらいにそったプログラムを組める力である。

ファーストステップではこれに挑戦！

①とにかく体験する

授業や保護者会の最後に、四〜五人の小グループをつくり、感想を話し合ってもらうと、これだけでも喜ばれる。これもりっぱなエンカウンターである。構成的グループエンカウンターの「構成的」とは、グループサイズ、時間、エクササイズ、介入など、意図的に枠を設けることをさしている。小グループづくりは「小さな井戸端会議」という最も簡単な構成をしたことになる。要は、エンカウンターのリーダーとして第一歩を踏み出したという意識を持つことだ。

初めは「小さな井戸端会議」でいい。「ふだんと違った雑談」を積み重ねて、「意味のある雑談」（吉田隆江）へ発展していくのである。自分がどう感じたか、相手に対してどう思ったのかという内側にふれるような話し合いが入れば、それはもう「高級井戸端会議」(國分康孝)、本格的なエンカウンターである。

②話を聞く

子どもの話に耳を傾けるのである。子どもの意見をすぐ批判したり、教え諭そうとする傾向が残っている場合はエンカウンターのリーダーには向いていない。

エンカウンターでは言うのを控えるのではなくて、「みんなの話を聞いて私はこう感じた」と返せればいい。これをアイメッセージという。

「君の話を聞いたら僕はうれしくなったよ」とか「悲しくなったよ」とか、感情を伴ったコメントが、最後にスッと出てくるようになることをめざすのである。

③教師と生徒のリレーションづくり

エンカウンターのときだけ態度を変えようとしても無理である。いつもやっていることの延長がエンカウンターで現われる。

「その子を知ろう」「その子にかかわろう」「目を見よう」というふだんの仕込みを通して教師と生徒のリレーションができる。「私はこんなクラスがつくりたい」とアイメッセージを日ごろ伝えておくことも大切である。

④考え方チェック

管理的な全体指導のほうが効果的である、という考えを捨てきれない人は、エンカウンターのリーダーはむずかしい。葛藤を抱え込んでしまうからである。自分の考え方に気づき、エンカウンターに共鳴できるかどうかを検討する必要がある。「ふだんから子どもに対してこんな考え方で指導している」「エンカウンターの考え方はこういうことを大切にしている」と対比させながら自分の腹を決める。

教師の自己理解が進み、エンカウンターに対する考え方や理解度がチェックできたら、一、二個指導案をつくってみよう。紙上でイメージして、自分で気づいたこと、感じたことを考えてみる。自分でもこのような感情体験をしておかないと子どもにエクササイズをやらせるだけになるからだ。

セカンドステップではこれに挑戦！

①子ども同士のリレーションづくり

例えば、二人一組（インタビュー）→四人一組(他己紹介)→八人一組（ネームゲーム）とエクササイズを実施して交流の輪を広げる。そしてクラス集団の成長の度合いに合わせたエンカウンターを選び、エンカウンターを味わい、楽しむことをめざす。

②基本エクササイズを押さえる

最もエンカウンターらしいエクササイズ、使い勝手のいいものを使いこなす。

例、二人一組（インタビュー、質問じゃんけん、トラストウオーク)。四人一組(他己紹介、共同絵画、二者択一)。八人一組（ネームゲーム、新聞紙の使い道)。その他（月世界、気になる自画像、いいとこさがし、私は人と違いますなぜならば…、私はあなたが好きですなぜならば…、二十五歳の私からの手紙、別れの花束）など。

③実践のむずかしさを役立てる

エンカウンターは結果よりもプロセスを大事にする。うまくいかないことの中に気づきや自己発見があるからである。

④エンカウンターとしての最低条件

エンカウンターは、モデリング、フィードバック、感情体験を伴う気づきをめざしている。例えば、グループワークトレーニングの「月世界」とエンカウンターの「月世界」はどう違うか。前者は、チームワークを育て課題達成を目的とすることが多い。この場合、集団の成長・士気を高めることに重点が置かれる。一方、エンカウンターの場合は集団の成長だけでなく、個人の気づき（感情・思考・行動の変化）を重視する。それゆえに、シェアリングを一番大切にするのである。

⑤ねらいを意識しながら取り組む

エンカウンターには、六つのねらい（自己受容・自己開示・自己主張・他者受容・信頼感・役割遂行）がある。このねらいの一つ、あるいは複数を意識して取り組むようにする。

⑥知っておくといいスキル

基本的な介入のしかた、リレーションづくりの理論と技法を知っておくとよい。

サードステップではこれに挑戦！

３ステップでは、①ねらいにそった展開、**②いろいろなアクシデントへの対応、③学校のリーダーとして組織の中への積極的な普及、**などに取り組む。具体的には各種体験講座やネットワークを活用して、学び合いで深められたい。

［加勇田修士］

何のためにわざわざエンカウンターをするのか

●教師もカウンセラーも、みんなで治療の達人をめざしていていいのか？

昭和五十年代の校内暴力の嵐が過ぎ去ったあと、学校教育は不登校やいじめなどの不適応行動という、次なる大きな課題を背負うこととなった。私も昭和六十年代の前半、不登校気味の生徒との出会いがあった。「何か、この子に援助できることはないか」と、いろいろな書物を読みあさった。また、カウンセラーの講演会を聞きに歩いた。ひたむきに勉強したつもりではいたが、そのころの自分は、「ドクターのように、深い悩みに苦しむ子どもたちを治してあげたい」と考えていたのである。

だが、治療的カウンセリングを勉強するほど、「教師はドクターと同じ方向をめざしていていいのか？」と考えるようになった。「風邪をひく前の体力づくり（予防）」が大事なように、「健やかなこころの成長への援助（予防と開発）」も大事ではないか。ドクターは治療が必要な面に焦点を当て、教師は子どもの健康な面を伸ばし、両者が補完しあう関係こそ望ましいことではないか、と考えるようになった。

●予防・開発的な援助に、なぜエンカウンターか？

「子どもたちのこころの成長への援助が大切だ」と考えるようになると、子どもたちへ「具体的に援助すべき内容」が見え始めた。

「自分の感情をうまく表現するスキル（技能）が育っていない」ために、人とうまく接することができずに頻繁にいらつく子どもたち。「ありのままの自分を受け入れてもらう体験が少ない」ために、人の中にあって、常にオドオドしている子どもたち。こういった子どもたちには、治療的カウンセリングは必要ではない。だが一方で、深い悩みの淵を頼りなげに歩いていることも事実である。

こうした子どもたちに必要な援助は、「さわやかに自己主張できるスキルの習得」「人に受け入れてもらう体験」「ありのままの自分を受け入れる体験」「他者を受け入れる体験」などである。エンカウンターはこうした一つ一つの発達課題について、複数の優れたエクササイズを用意している。これらエクササイズは、多くの人々により、安全性や効果などが実践研究されている。教職経験やカウンセリング学習の深浅にかかわらず、安心して段階的に、計画的に援助していけるよさがエンカウンターにある。

●何のために、わざわざエンカウンター？

教師の世界では「人間関係を学ぶ」「自尊感情を高める」ことの重要性が強調されている。そんななか、子どもたちとエクササイズをしていると、「それは何のためにしているの？」と同僚から質問されることがある。「遊ばせていていいのか」、「疑似体験だけで、本当の力はつくのか」と率直な意見をいただくこともある。このような問いに「納得させる理論と、興味を持たせるような知識」を備えているにこしたことはない。エンカウンター関係の本を通読していれば、さわやかに自己主張できよう。疑問や批判は、エンカウンターのよさを知ってもらえる絶好の機会なのである。

加えて、私の場合は「疑問に答える」ためにも、「学年や学校全体で実践していく体制づくり」のためにも、校内研修や授業公開はかって出ている。研修で体験してもらえば、何よりもエンカウンターのよさを理解してもらえるからだ。

さて、何のためにエンカウンターをするのか？　エンカウンターの目的の一つは、「望ましい人間関係を味わう」ことである。國分久子の表現を借りれば、「自分のことを理解できる程度にしか、人のことは理解できない」。人を信頼すること。自分をいとおしいと感じること。人とともに生きることのすばらしさを感じること。エンカウンターを体験させる目的は、このように説明することができる。

●エンカウンターへのもう一つの疑問、「効果があるの？」

学習成績が芳しくない子に、「もっと勉強しなさい」といったところで、その子はすでに何度となく同じ言葉を浴びている。もはや、その言葉では変化は起こるまい。

「テストの成績が悪い」→「勉強への自信がなくなる」→「勉強する気がなくなる」→「授業中の集中力がなくなる」→「わからなくなる」→「テストの成績が悪い」→…

その子の中で、このような悪循環が起こっている。エンカウンター的な援助をするならば、「自分に自信をもたせる」アプローチと、「学びの『方策』を学ぶ」アプローチを組み合わせ、小さな変化を引き出し、大きな変化につなげていく（システム論による考え方）。結果として、**「自分のことが好きになる」→「自分への自信がつく」→「勉強する気が起こる」**といった良循環を巻き起こしていくのである。エンカウンターは、部分的な援助ではなく、その子の生き方全体を援助する効果がある。

［中井克佳］

何の時間にやったらいいか

●なかなか広がらない、認められない、なぜなんだ

「君のやろうとしている意義はわかる。でも、それはいったい教育課程上のどこに位置づくのだろうか。丸々エンカウンターという時間は何の授業になるのか」

道徳か、総合か、それとも学活か、自分なりにエンカウンターを取り入れていく場はどこかを迷っているときに言われた仲間からの指摘だった。エンカウンターのように、子ども同士のかかわりを深めたり、自己の内面を見つめさせたりすることは大切だと感じていた。しかし、どの時間で展開していったらよいのか悩んでいた。そんな矢先の指摘だったので、正直言って戸惑ってしまった。内容の意義は理解してもらいながらも、場の保証は認められないような気になり、なかなか道が開けていかない気分だった。

●いつでも、どこでもできるのではないか

そんな時、たまたまエンカウンターの講師に招かれた席で、ある方から言われた言葉

があった。

「先生、エンカウンターはとてもよいものですね。でも、道徳でとか総合でとか、あまりこだわらなくていいような気がします。エンカウンターのように子どもたちのかかわりを深めていくような手法は、いつでもどこでも大切なような気がするんです。それが今の学校教育には不足しているような気がするんです」

この言葉にハッとした。日常の中でエンカウンターはできる、いや、しなければいけないのだ。今まで、エンカウンターをやろうやろうとしてきたのだが、そうではなく、ふだんの学校生活の中にとけ込ませる考え方が大切なのだと、指摘を受けたような気がした。それから、エンカウンターの時間を確保するという考えではなく、あらゆる時間に、エンカウンターを取り入れていこうと考えるようになった。

●日常のなかで

それからは、エンカウンターを進めていく場を固定的に考えようとしなくなった。まずは、朝の会にサイコロトーキングを取り入れた。サイコロの目に合わせて自己開示できる場をつくった。一人一人が語る言葉に、周りはとても興味深く耳を傾けた。自分が語り終えたあとに、周りからの肯定的な感想がフィードバックされると、いっそう子どもたちの目は輝いた。

教科の授業では、授業の途中や終わりにペアやグループで交流する時間や、互いの思いを語り合う時間をとった。本来のエンカウンターのような展開ができるに越したことはないが、これだけでも子どもたちは楽しそうに交流していた。図工の作品発表会、音楽でのグループ発表会などは、生き生きと互いのよさを指摘し合う気持ちのよい時間になった。帰りの会では、ほかでもよくされていることと思うが、互いの生活ぶりのよさを認め合う時間を設けた。認められた子どもが感想を言う時間もとったりして、子どもたち相互の自尊感情を高めていくのに効果的な時間となった。

日常のなかで展開していけると私の意識が変わったことで、子どもたちは生き生きした姿をよりいっそう見せるようになった。たまたま朝の会を見ていた上司が、次のように言った。

「なかなか面白いことをしてるじゃないか。ぜひみんなにも広げていくといいな」

ちょっとだが認められた気持ちになってうれしくなった。

●ねらいが明確であれば時間をとる

エンカウンターを固定的な時間に行おうとするこだわりがなくなってからは、開発されたエクササイズが多くあるからといって、たくさんやらなくてはいけないと思わなくなった。一時間の授業でやることがなくなったわけではないが、それだけの時間をとるねらいは何かをよく考えるようになった。

例えば、学期始めや行事の始めに意欲を高める時、行事や学期末に互いの取り組みのよさを認め合う時、なかなか集団になじめない子どもがいる時などには、たっぷり時間をとってエンカウンターをやる価値があると思っている。その学級の実態に合っていれば、どの時間でもできるのではないだろうか。ねらいが明確で必要ならば、道徳でも、総合でも、学活の時間であってもやればいい。それこそが本来学校教育の中に取り入れられる大切な意義があると感じている。

日常のなかにエンカウンターを取り入れ、ねらいが明確で必要性がある時には、どの授業でもエンカウンターを取り入れていく。これが、今の私のエンカウンターを進めていくうえでの骨子になっている。

［木村正男］

厳しい指導でまとまっているのに、甘やかすことにならないか

●「エンカウンターをやっている場合ではない」と言われて

教育センターの教育相談部に勤務していたときのことである。小学校の先生方対象の教育相談講座・生徒指導講座でエンカウンターを行うと、先生方は非常に盛り上がり、和気あいあいとなって、参加者自身が楽しんでいることがよくわかる。しかし中学校・高校の生徒指導講座でグループエンカウンターを実施すると、冷静に受け止められていると感じることが多かった。そしてよく出るのは、「今、困難校と言われている学校では、問題行動を起こす子の対処に追われている。エンカウンターをやっている時間はない」「授業に入らない生徒、不登校の生徒の対応にエンカウンターはどんな役に立つのか?」という意見・質問である。「学校職員が一枚岩になるべく厳しい指導でまとまっているのに、エンカウンターを取り入れたら生徒を甘やかすことになりはしないか?現場は厳しいのです」と言う先生方もいた。

生徒指導主任として厳しい状況に立たされている先生方が、常に実際に役に立ち、即効性のある指導方法を求めていることを強く感じた場面であった。

●甘やかしとは何か

しかしである。本当の甘やかしとは何だろうか？　生徒に自分の問題、自分の生き方を考える時間と方法を与えず、大人が用意したレールの上を走らせること、これこそ甘やかしではないか。一見まとまっているように見えても、自分自身が好きになれず、自己評価の低い生徒、仲間を信じることができないにもかかわらず、表面的に絶えずつながっていないと不安な生徒、いつまでも指示待ちで自分の責任を引き受けられない生徒……。これこそ甘やかされた結果の集団である。

自分の人生の主人公は自分である。自分を受け入れていくこと。そして他者と折り合いをつけていくこと。より自分らしく生きること。自分自身を大事にし、他の人も大事にしていこうとする生き方を考えさせること。自分の役割と責任を引き受け、社会のルールを身につけ実行させること。これらが、これからの生徒指導に必要なのではないか。しかし、それはとてもむずかしい指導でもある。手間暇かかる指導でもある。

●育てるカウンセリングで積極的な生徒指導を

自己を生かし、より自分らしい生き方をしていく生徒を育てるためには、より積極的な生徒指導が必要である。そして、その中核になるのは「育てるカウンセリング」である。クラスの中にあたたかい人間関係を築き、自己存在感を高めていくこと、自分は自分であることを実感し自己決定ができること、共感的で支持的なクラスの雰囲気づくり……。これこそ今子どもたちが求めているものであり、生徒指導の目的である。

ある中学二年生のクラスでエンカウンターを実施したときのことである。男女の仲が悪く、いざこざが絶えないクラスで、「共同絵画」に取り組んだ。和やかな雰囲気の中で楽しくおもしろい絵ができあがり、クラスの雰囲気は和やかなものになった。振り返りの場面で、「私たち……お互いにしゃべると悪口ばかり……。しゃべらないで一緒に絵を描いただけで気持ちが通じ、仲よくできて不思議だった……」と感想を語った生徒がいて感激した。

また別の高校一年生全クラスを対象にし、四月に「ジャンケン自己紹介」「人生時計」「ホットシート」を実施したところ、「いろいろな人と話せてよかった。みんないい人ばかりだと思った」「この学校に入ってよかったと思った」等の感想が寄せられた。その後のドロップアウトも少なかったと聞いている。

●エンカウンターをすすめよう。仲間と、そしてあせらずに

中学校・高校の先生方は、生徒指導の具体的な方法を強く求めている。前述のエンカウンターに厳しい目を向け発言した先生方は、実は自校でエンカウンターをどのように使うか本気で考えている先生方でもあった。講座後、校外の講師を招いて職員研修会でエンカウンターを体験したり、クラスや学年で実施したり、少しずつ取り入れてくれる先生がいることがうれしかった。

エンカウンターを実施すると、先生自身がリーダーのあり方から学んだり、今まで見えなかった生徒の考え方や感情、行動のしかたを見たりする。先生方にとっても、教師としての自分の夢や自分の生き方を点検するよいチャンスになると思われる。

しかし、エンカウンターは万能薬ではない。「自分はこの方法はどうも」と消極的な先生もいるに違いない。自分に合った方法で、育てるカウンセリングを進めればいいのである。

［佐藤節子］

「荒れ」にエンカウンターをどう使うか

●こんな簡単なエクササイズなのに……

学級編成直後の五年生の学級開き。リレーションづくりにと「質問ジャンケン」をやることにした。簡単なエクササイズである。質問のネタのヒントになり、達成感を感じられるようにとワークシートも用意した。異性に質問できたら五倍のシールがもらえるというルールを設定、男女の交流にも配慮した。ここでクラスを盛り上げ、遠足、運動会、移動教室と超過密スケジュールの一学期を乗り切るぞとはりきって始めた。

ところが、インストラクションを始めると最後まで聞こうとせず次々に質問をする。しかも、内容は次に説明する予定のことばかりである。エクササイズが始まるとやり方が理解できていない子が多く、異性同士の交流は少ない。多数の子どもたちが楽しそうにやっている中で、しらけた男子の一群がある。アドバイスに入るが動かない。いつもの三倍以上時間がかかったうえ、効果や手応えを感じられないのは初めてだった。

●建設的な願いを引き出したい

その後、いく度か挑戦したが、抵抗を示す子が固定し、シェアリングは期待ほど深まらず、手応えを感じられないでいた。

転機は、学芸会の練習をきっかけに授業中の私語が増え、ルールが崩れ始めた二学期の中ごろである。ここで切り換えないと大変だという危機感から、再度エンカウンターを活用した学級づくりに挑戦することにした。

しかし、一学期を振り返っても今の状態からも、教師の指示を聞き、理解し、参加するというエンカウンターの構成の前提となるルールが定着していないことは明らかである。このままでは効果は期待できない。子どもたちに自分の現在地を知らせ、建設的な願いをもたせる方法はないかと思っていた時に読んだのが、今泉博さんの実践『崩壊クラスの再建（学陽書房）』であった。一人一人が教師の問いかけに対して考えを書き、新聞の投書欄のように匿名で学級通信に載せ、それに対する反応も同様に匿名で発表していく紙上討論である。「これだ」と思い、学芸会が終わるのを待って取り組んだ。

その結果、子どもたちはルールの必要性と現在の学級の状態に気づき、今の自分をなんとかしたいという願いをもつことができた。そのトップは「相手の話をきちんと聞けるようになりたい」であった。そこで子どもたちの願いに合わせ、エンカウンターではなく「聞き方トレーニング」と称して、単純でゲーム性の高いエクササイズを、話の聞き方に結びつけて実施することにした。

●真剣にしかも楽しそうにエンカウンターに取り組む

その後の展開を左右する一回めの内容は、「どぼん」「となりのとなり」でウォーミングアップし、「ご指名です」がメインの構成であった。子どもたちの様子を見守ると、インストラクションもしっかりと聞き、参加も熱心である。一学期の苦労が信じられないくらいの集中力で、手応えを感じた。この時の反応は、「このトレーニングは楽しくてしかもためになる」であった。

期待をもって聞くから二回目以降のインストラクションは楽である。全部で五回の「聞き方トレーニング」は好評のうちに終わった。シェアリングは「振り返りカード」に記入した内容を、次回の最初に学級通信で紹介する形式で、全体にフィードバックした。自分の願いと体験を関連づけた内容が多く、子どもたちの真剣さが伝わってきた。

●教師と子どもたちのニーズの一致

教師ならだれしも早く学級をまとめたいと思う。しかし、そのためにエンカウンターを活用するのはいわば教師の勝手である。そして、これが通るのはルールが定着しているクラスである。たとえ強引な実施でも「楽しくてためになる」という実感がもてればそれほど苦労せずに学級づくりは進み、エンカウンターの効果も期待できるだろう。

しかし、理由の如何を問わず、ルールが未定着で教師の構成に抵抗をもつ子が多い状態ではそうはいかない。「荒れ」をルールや構成への抵抗と考えると、強引な実施は一部の児童のふざけやしらけとなり、真剣に参加しようとしている子どもたちのダメージにつながってしまう危険がある。

私は紙上討論以前と以後の違いから、建設的な願いを引き出し、エンカウンターへの動機づけをていねいにすることが、構成への抵抗を除去し、エンカウンターの効果も促進することを実感した。今後は「教師の親切、大きなお世話」ではなく、「教師と子どものニーズの一致」を合い言葉にエンカウンターを活用していきたい。

［品田笑子］

※関連文献「エンカウンターで学級が変わる　小学校編パート3」図書文化社

3 導入やインストラクションのコツ

「なんでこんなことをやるの」と言って子どもたちが動かない！

●見よう見まねのトラストウォーク

ある日の学活でトラストウォークを行った。やり方を説明し、デモンストレーションをして危険に対する配慮も告げた。ペアのつくり方も、混乱が起きないように工夫をした。さあ、エクササイズだ。やってみよう！

けれど、意に反して子どもたちの動きが鈍い。

「かったりー」「なんでこんなことするんだよぉ」

いつものことだ。生徒の反応は予想できた。でもこれは体験したらわかるんだ……。

「まずやってごらん。何事もやってみなければわからないよ」「はい、組んで組んで。いい感じだね。さあみんなもやってみて」

のっているふうでもないが、何とか子どもたちは動き始めた。やってしまえばこっちのものだ。そう考えていた。

●説明していなかった

その日、部活の指導を終え、子どもたちの書いた振り返り用紙をながめていた。ある生徒の振り返り用紙を見たとき、頭の奥から急にモヤモヤしたものが広がり始めた。

「何のために僕は今日のエクササイズをやっているのかわからなかった」

だんだんにその意味がわかるが早いか、あわててプリントを繰っていた。するとほかに二〜三人の子が同じように書いていた。

「体験すればわかるはずなのに」「もっとまじめにやっていれば」が私の頭をめぐる。そしてやる気なさそうに「なんでこんなことやるんだよ」と言う子どもたちの姿が思い浮かんだときに、はっとした。なぜトラストウォークをやるのか、子どもたちはわかっていなかったのだ。いや、私が説明していなかった。

なぜやるのかを説明しなければ、エクササイズから何を感じ取ったらいいのか焦点化できない。トラストウォークだって、自分がどれくらい思いやりを発揮できるか、どのくらい相手を信頼できるかを感じ取るのがねらいの場合もあれば、目の不自由な人の気持ちを体験して、ボランティア体験につなげるときもある。

●何のためにやるのかわからなければ、やる気は起きない

私も、いつ終わるともしれない会議にはうんざりする。理由もなく穴掘りを命じられるのと、「桜を植えて新入生歓迎の雰囲気を盛り上げよう」と命じられるのとでは、やる気がぜんぜん違う。先の見通しや意味が感じられないとやる気など出ない。

私はちょっとばかり押しの強い教師なのか、これまで生徒が多少文句を言っても、なんだかんだ言いながらやらせてしまうことができた。これに慣れていた。

しかし、エクササイズを始める前には、なぜみんなにこれをやってほしいのか、何を感じてほしいのか、エクササイズの意義を伝える必要があった。例えば、こんな具合である。「道徳のあとの作文には、多くの人が『人を信じること』の大切さを書いていました。先生も同じように感じています。『自分は人を信じることができるだろうか』、先生がそう考えるようになったきっかけを、みんなに紹介したいと思います。体験を通して、信じること、信じられることを考えてほしい、そして聞かせてほしいと思います」。

●インフォームドコンセントの発想

その後しばらくして、國分康孝の主宰するエンカウンターの合宿に参加した。そこで

は枠を決めて行動を強制しながらも、エクササイズへの参加を拒否する自由を認めていた。インフォームドコンセントの発想であるという。なるほどと思ったものだ。

それ以降は、インストラクションで必ず「なぜこれをやるのか」伝え、参加したくない人はいないかを聞くことにしている。子どもたちには評判がいい。たとえ嫌なときも、なぜ嫌なのか、どう感じているのかを話すことができるようになった。

ところで、年度当初に「このクラスでなぜエンカウンターをするのか」説明することも重要だ。加えて、ねらいを達成するためとして「エンカウンターの約束」を毎年生徒と交わしている。例えば、「先生の指示に従って、やることはしっかりやろう」「実習は体験学習という授業である」「いつまでも恥ずかしがらずに体験しよう」「お互いが気持ちよく体験できるように気をつけよう」などである。インフォームドコンセントによって約束が守られて、子どもたちも自分の意志を大切にされていると感じることができている。

私の言葉で「なぜやるか」を伝えると、それをめぐって対話が起きることがある。エクササイズ以前に教師と生徒のエンカウンターは始まっている。

［大関健道］

年度始めの導入スキル

四月。新たな気持ちで学級がスタート。さあ、エンカウンターも開始！

意気込みあふれるところであるが、この時期は実に大切である。学級にエンカウンターがスムーズに取り入れられるかの成否にかかわる。ゆえに、ていねいに扱いたい。

わくわくモードをつくれ！

まずは「エンカウンター」をまったく知らない子どもたちに、「それってどんなものかな？」と期待感をもたせたい。

ふだんの授業とまったく違う「時間」である。正答もなく、強制もない。自分の体験を素直に感じる時間であることを強調したい。

例えば小学校なら、次のブラックボックスのパフォーマンスを使うのも有効だろう。

また、この時間を「エンカウンター」と呼んでもよいが、「心の授業」「ハートタイム」「わくわく授業」など、クラス独自のネーミングをすると一段と楽しくなるだろう。

何が飛び出す？ ブラックボックス

「これから、五年生。どんな学習が始まるのかな？」と、教師がブラックボックスから紙を取り出し読み上げる。

「家庭科が始まるよ」「委員会も六年生と一緒にやるよ」……。

新しく始まる学習内容に、子どもたちは、「わあ、いろいろとあるねえ」と大喜び。

「そうだね。あれっ、これは何かな？」

「心の授業」と書かれた紙を取り出した。

「いったい何だろうね。裏に何か書いてあるよ。なになに……、『これは今まであなたが味わったことがない授業です。この授業には答えがありません。自分の心で感じる授業です。ねえ、一緒にあなたもやりましょうよ！』……だって。おもしろいメッセージだね」

「えっ、それってなあに？　教えて先生！」

スピリットを伝えよ！

何のためにエンカウンターの授業をするのか。子どもたちと教師が、同じ考えを共有できるように押さえておきたい。

例えば学級がスタートするときには、どんなクラスにしたいか、子どもたちに話し合わせていくと思う。そのクラス目標とうまく絡ませていくとよいだろう。

こんな具合である。

「みんなでクラスのめあてを話し合って決めたね。『一人一人が、みんなで、力を出してがんばる学級』という目標は、先生はとってもよいと思うよ。そのためには、まず、クラスの中が知り合って、仲よくすることが必要だね。どうしたらいいかな？」

「うーん。みんなで遊ぶことをたくさんやるといいと思う」

「とてもよいアイデアだね。私もそういうことたくさんやりたいな。その他には？」

「どんなことをしたらいいだろう。よくわからないなあ」

「そうね。実は『心の授業』は、その手だての一つなのよ。この授業は、自分のことがわかったり、お互いを知り合ったり、仲よくしたりするためにあるの。ふだんの授業と同じぐらい大事にしていきたいね」

ルールを確認せよ!

エンカウンターの精神がはっきりしたら、あとは基本的なルールを確認したい。ふだんの授業にルールがあるように、この時間にも約束があることを押さえておきたい。レクリエーションとは違うことをはっきりさせておくのである。

また、ルールをうまく守れないときは、「最初の約束はどうしたかな?　覚えているかな?」と、ここに戻らせるようにする。

こんなルールを伝えています

「初めてやる授業ですから、みんなと最初に約束をしたいと思います」

①正しい答えとかやり方いうものは一切ありません。実際に自分でやってみることを大事にしてください。体験してみると、感じることもたくさんあると思います。

②だからみんなに体験してほしいのですが、どうしてもやりたくないときは、素直に言ってください。そのときは授業の様子を見ながら、私のお手伝いをしてもらいます。

③互いに気持ちよく授業を受けられるようにしましょう。ふざけ半分はみんなの迷惑です。この約束はふだんの授業と同じです。

これらの約束は、行ったエクササイズの一覧とともに掲示しておくとよい。

また、学期末・年度末にこの時間全体を通してのシェアリングを行い、その間の積み重ねをともに実感するとよい。　［山宮まり子］

教師の自己開示スキル

自己開示の内容は三つある

人に何かをさせるときには、明確な指示ややりたくなる動機づけが必要である。そのために教師の自己開示は大きな意味をもつ。

　自己開示には、①事実の自己開示、②感情の自己開示、③価値観の自己開示の三種類がある。例えばこんな具合である。

「初めまして。長野に住んでいる岸田です（事実）。今日は一緒にエンカウンターができるので楽しみにやってきました（感情）。エンカウンターはみなさんが有意義な学校生活を送るうえで、とても役に立つ学習だと思います（価値）」

　自己開示の下手な人は、事実はすらすらと言えても感情や価値観をうまく表現できないという傾向がある。つまり、やり方だけを伝えてもやる気にはならないし、「何でこんなことやらされるの？」という気持ちになってしまうのである。

ユーメッセージとアイメッセージ

　エクササイズのやり方だけを伝えるのはユーメッセージである。つまり「あなたはこうしなさい」「あなたたちはこういうことをやるんです」という言い方になる。それに対して、アイメッセージではこうなる。「森の何でも屋さんというエクササイズは、僕はとても好きなのね。これをやったとき、それまではいやだなあと思っていた自分の性格が、実はとても自分らしいものだとわかったし、けっこういいかなって思えるようになったんだ。自分を見つめられるエクササイズなんです」。

このように、自己開示的に「私は」を意識して語れば、素直に感情が表現でき、受け入れられやすくなるはずである。

自己開示の方法は二つある

一つめはリレーションづくりに役立つ自己開示である。自己紹介で「巨人が五連勝したので昨日のビールがとてもおいしかった鈴木です」と言えば、野球好きで巨人ファンには親近感がわく。野球好きでなくてもユーモアが感じられ、人柄に惹かれる。「最近うれしかったことを一言つけ加えてください」のように、アイメッセージで自己紹介させる。

初めて中学生を担任したときに、入学式後の学級開きで名簿順に並んでいる三十五人の名前を暗唱して呼び上げたことがある。初めて見る顔と一致させて一人一人呼んでいくと、生徒たちの顔は驚きと期待に満ちてくる。最後の生徒を呼び上げたとき、保護者からも生徒たちからも大きな拍手をもらった。今度の先生はちょっと違うという期待感と、はじめから自分の名前を知っていてくれるという喜びがリレーションづくりに役立ったと思う。言葉で語るだけが自己開示ではない。

二つめは、子どもたちがまねできるようにするための自己開示である。あのくらいならできるという気持ちにさせるのである。

卒業するときに、式の後の最後の学活で、親への感謝を一人一人述べるように子どもたちに指示した。当然のように「えー何でー」と不満そうだったので、「俺が二浪もしてやっと大学に入ったときに、卒業したらきちんとお礼を言おうと思っていたんだが、いざとなったら言えなかったことが今でも悔いとして残っているんだ。ありがとうの一言でいい」。このように自己開示的に説明すると、生徒たちは次々に自分の言葉で語り出した。まじめな言葉、ユーモアたっぷりの言葉…そして最後に、親にも教師にも反発していた女生徒が涙ながらにこれまでを詫びたのは感動的であった。

三つめは感情や行動を刺激して、やってみたいという気持ちにさせる自己開示である。

例えば説明はほとんどせずに、「僕はじゃんけんが強いとよく言われるんです。君たちと一斉にやっても四分の三には勝てるよ。じゃんけんぽん」と威勢よくどんどんやっていく。すぐに緊張がとれて場が和らぐ。「じゃんけんは体を動かしてリラックスできるんだよ」などとくどくど説明するよりもやる気が出てくるようである。緊張や不安と両立しない遊び（じゃんけん）を自己開示とつなげて使うことで、だれでも抵抗なく入れるようになる。

また「中学時代に友達に裏切られたことがあってね、ずっと恨んでいたんだが、今考えるとそいつがいたから今の俺があるような気もするんだ」などと感情や思考を自己開示すると、とくに友人関係で悩み多い生徒は自分と重ねて聞き入る。そこで「友達にしてもらったことということエクササイズをやります」とインストラクションすると、感情が刺激されてすすんでエクササイズに入ることができる。

要は子どもと教師との感情の交流が大切なのである。

［岸田幸弘］

「ばかばかしい」「面倒くさい」という雰囲気になった

●リーダーの冷や汗

高校生を対象とするとき、エンカウンターになかなかのってこないことがある。

学級開きのときに、「この学級を居心地のよい学級にするために、今からエクササイズをします」と言って、エンカウンターを始めた。さまざまな生徒がいることに配慮してエクササイズを構成した。

けれども、私の意に反して、七～八名前後の男子生徒がしかたなくやっている様子。その男子生徒がいるグループはしらけた雰囲気に。ついにある男子生徒が「くだらねー。ばかばかしい」とトリックスター的につぶやいた。その途端、一気に学級全体がしらけた雰囲気に。

「そんなこと言ってないで、しっかりやろう」と大きな声で、エクササイズの実行を強要。「何とか続けなければ」「まずい、エクササイズが止まって失敗したらどうしよう」

と不安で一杯になり、体中が熱く、冷や汗が出てくる。とりあえず、しらけたエクササイズとシェアリングを終えて職員室で一息つくと、「なんだ、あいつら！」という生徒への怒りと、「エンカウンター、もうやめようかな……」という気持ちになる。

●実践仲間からのアドバイス

エンカウンターの実践仲間に、そのつらい体験を相談した。「よくわかるなー、その時の気持ち。最初はそういうこと多かったなあー」と理解してくれた。そして「自分がどうして声を荒らげたのか、考えてみること」「エクササイズをやることよりも、時間をかけてでも生徒のやる気を起こすことに力を入れること」「エクササイズに無理がないかを考えること」等のアドバイスをしてくれた。

アドバイスから、教師の思いだけでエンカウンターをやっていたこと、生徒の気持ちに十分に配慮できていなかったことに気づいた。つまり、教師が指示すれば生徒がそのとおりやると考えて、斜めに構えて様子をうかがうという青年期の特徴を理解していなかったのである。その反省から、エクササイズを押しつけるのではなく、やる気を起こしてから生徒に合ったエクササイズを行うことに心がけるようになった。つまり、エンカウンターをやれば効果があるという考えから、よいエンカウンターをするための条件づくりをするという考えに変わったのである。

●時間をかける

以前よりも、事前準備、導入やインストラクションに時間をかけるようになった。例えば、事前準備では、実施時期や学校生活満足度の結果を考慮して、エンカウンターの目的とエクササイズの選択を行った。生徒の抵抗が強かった場合を想定して、リレーションづくり、実施予定のエクササイズをアレンジしたもの（ワークシート等）、同一目的の別のエクササイズを用意した。また、十分な自己開示ができないことも想定して、シェアリングのための振り返りカードを用意した。

導入では、生徒のやる気がでるように、じっくりと時間をかけて雰囲気をつくるように心がけた。具体的には、私の学級に対する思いなどを、アイメッセージで自己開示するようにした。生徒が話に関心をもちやる気がみられたところで、インストラクションを行うようにした。インストラクションでは、何を、何のために、どんな方法で行うか、どんなルールでいこうかを話した。つまり、十分な説明をしたうえでの参加への同意

（インフォームドコンセント）に心がけた。

●参加の自由とエクササイズの中止

時間をかけて十分に準備しても、しらけた雰囲気になるときはある。そのときには二つの対処法がある。一つは、しらけている生徒がインフォームドコンセントでやらない自由を選んだ場合に、やらない時の参加のしかたを教えて、エクササイズ終了後に観察しての感想を聞くのである。二つめは、クラス全体が導入からまったくやる気が起きずにしらけた雰囲気のときは、エクササイズを中止したほうがよい。そしてやる気の起こらない生徒たちの気持ちを聞こうとする。あるいは、グループで今の気持ちを話し合わせる。まさしくこれがエンカウンターである。エクササイズにこだわる必要はない。

リーダーには、失敗から学ぶ姿勢と援助してくれる仲間が必要である。失敗から学び、さまざまな状況に対処できるという自信が、毅然とした態度を生むのである。

［苅間澤勇人］

トリックスター

どの集団にも、目立ちたがる、ふてくされる、かき回す等の困った存在はつきものである。しかし、単にルール違反をしている子、悪ふざけをしている子として処理するだけではすまない場合がある。

トリックスターの出現をどう受けとめるか

片野智治がある中学の校内研修でリーダーをしたときのことである。バースデーラインをやったところ、ある先生はやる気がなくて、自分の生年月日とぜんぜん違う所にいた。みんなはそれでドッとわいた。それに対して片野は、「この先生と同じような生徒がクラスにいませんか。みんなの笑いをドッととるような。こういう人をトリックスターというんです」と説明した。その間、その先生はみんなの注目を浴び、次のエクササイズでは一生懸命参加していたということである。

これはグループの雰囲気に揺さぶりをかけるトリックスター（いたずら者の意味）の存在を肯定的に受け止め、グループの中に引き込むことに成功した典型的な例である。

國分久子は、トリックスターの存在を肯定的にうけとめる理由として次の三つをあげている。

①停滞したグループメンバーの無意識を活性化し、新しい意識を目覚めさせる。

②グループの安易な連帯感（裏面交流）に満足しないよう警告を発している。

③グループのおざなりな行動パターンを壊して、メンバー一人一人が「自分はどうだろう」と考える契機を与えてくれる。

自己開示は「存在への勇気 Courage to be」の具象化したものだから、トリックスターは「存在への勇気」のモデルというべきものである。そして、他のメンバーがどんどん反応するように介入することを勧めている。

学級のトリックスター

子どものトリックスターの出方はストレートである。「こんなのちゃんちゃらおかしい」「やってられねえや」など、壊そうとするのではないが反抗的な態度をとる。教師が無視でもしようものならもっとエスカレートしていく。その発言をどう生かしていくのかがリーダーとしての力量である。

ふざけていると思ってしかかったり、発言を封じてエクササイズをどんどん進めることは逆効果になる。その子の感情に焦点を当てて発言を引き出すのである。「もう少し君の気持ちを話してくれる?」「君だったらどうしたいのか、その考えを聞かせてほしいな」と語りかけるのである。トリックスターの発言によって助けられている複数の存在を意識したほうがよい。このことに触発されて他のメンバーの反応が増えることを期待するのである。

複数のトリックスターが登場してさらに混乱することを恐がる必要はない。むしろそうなることで一人一人が自分のとるべき行動を決めなければならなくなるので、依存から脱却し、自立的な動きが出てくるようになる。多数のメンバーの発言によってグループの方向が定まることになれば、メンバー個人だけでなく、グループとしても成長したことになる。

この体験により「グループには、人を育て、人を癒す機能があるとはこのことか」と納得できるようになるのである。

トリックスターへの取り組み方

ファーストステップのリーダーの場合は、リレーションづくりのエンカウンターが中心なので、抵抗や反抗が生じることが予想されるエクササイズはあらかじめ避けたほうがよい。

多少リーダーとしての経験をつんだセカンドステップのリーダーの場合は、積極的に介入してみたい。個人の問題を通り越して混乱が拡大しても驚かないことである。グループ全体の問題として話し合うところまでもっていければ成功である。

サードステップのリーダーの場合は、沈滞しているグループを活性化させるために、「僕は今、この沈滞した雰囲気にとても腹を立てている」など、リーダー自らがトリックスター的な発言でかき回すという、高等技術を発揮することも可能である。

エクササイズを中断することになってもためらわず、今この場の問題に焦点を当てたほうがよい。エンカウンターにとってエクササイズは誘発剤に過ぎない。エクササイズを完了させることが目的ではなく、エンカウンターを深めることのほうが大切だからである。

［加勇田修士］

インフォームドコンセントをどう得るか

相談学級は、不登校状態にあった子どもが再起の第一歩を踏み出す学級だ。一人一人に応じて、スモールステップで人間関係の拡大を図りたい。あたたかで許容的な雰囲気のなかで他者から大切にされる体験を積ませ、自分もいつしか他者にそうしたくなるよう慎重に配慮する。エンカウンターを導入できるのは、たいてい二学期の終わりから三学期にかけてのことである。

ある年は、みんなで企画運営したクリスマス会の最後に「別れの花束」を「感謝の花束」として、またその後も「私はあなたが好きです、なぜならば」などを行った。そしてメンバーがもっと互いを求めているのにどうしていいかわからない状態と感じたある日、私は、もう一歩前進して、軽い身体的な接触を伴うエクササイズを行いたかった。

人間関係であまりよい思いをしていない子にとって、身体的接触にはよいイメージよりも、つらい思い出や苦手さが伴う。苦痛を伴うだろうが、彼らとともに一山越えたい。

そこで、意を決して言った。「あたたかな人間関係をつくるには、こころよい軽いふれあいが役立つときもあるよね。『握手』もその一つだけれど、もっと簡単なので、みんなにやってもらいたいことがあるんだ」と、「アウチ!」(『エンカウンターで学級が変わるショートエクササイズ集』所収)を説明した。

子どもたちは困惑した。うつむきがちに困難が過ぎるのをただ待つようにも見えた。「ごめんね。こんな課題を出してみんながつらいのはわかっているんだ。三年生はみんな進路のことでつらいのに、よくぞいろんな壁を乗り越えて『もっとみんなで仲よくしたい』という雰囲気をつくってきてくれたね。『みんな変わりたいんだな』と思ったよ。僕はそんなみんなの気持ちに応えたくて、この課題を提案したんだ。人は「変わる」ときには小さな苦しみを伴う。みんなはもう変わり始めてるんだ。もちろんつらければやらない自由がある。だけど、できればもう少し苦しんでみないか」

しばらくの沈黙……。残念だができなくてもしかたがない。できないことは少しも悪いことではない。彼らはこれだけがんばって、課題を我がこととしてとらえてくれた。向き合う勇気にはすさまじいものがあった。たたえこそすれ、責めようがない。あとは機が熟するのを待つしかない。むしろ「できない」ということが、彼らの気持ちをくじいてしまったら水の泡だ。さらりと別のエクササイズを提示し直そうと用意はしていた。

そのとき、ひとりが口を開いた。「ねえ、こういう方法ならどう？　一対一はちょっとつらいけど、これならできるんじゃない？」。バレーボールの試合の前に円陣を組む選手たちのように、みんなが目の高さに人差し指をさし出し、指先で触れ合った。

「これならできるよ」「ＯＫ、ＯＫ！」「せーの、アウチ！」

みんなの声が合わさり、相談学級で初めての彼らの「アウチ！」ができた。これに気をよくしたのか、その後の「トラストウォーク」も助け合いながら行うことができた。

●なぜインフォームドコンセントなのか

例えば、部活で「アップに校庭三周走っておきなさい」と言うなら、指導者には「だれにも三周は妥当だ」と決める判断基準があるはずだ。だが、それは子どもに理解されているだろうか。根拠を説明して同意を得ることをインフォームドコンセントという。

私なら、「この後の運動に必要な体の状態をつくるのに、三周は必要最低限の量だと思う。部活中に突然死した子もいる。けがにつながる場合も多い。自分の身体を大切にしてほしい。何分かけて走るかは、君の調子にあわせてね」と言うだろう。
エンカウンターにインフォームドコンセントが必要なのは、次の理由からだと思う。
①子どもたちがエンカウンターに対する理解と納得を深め、「自分にとって大切なことだ」と思ってこそ、思考・行動・感情の修正と拡大が促進されるから。
②やらない自由もある。できない事情もある。子どもはみんなちがう。これらを教師が受け入れてこそ子どもへの理解が深まり、授業のあり方・枠組みをとらえ直すことができるから。
「これは授業なのだから、いやでもやれ！」という枠組みを崩すことは、教師にとって恐怖である。しかしそのままでは、子どもがなぜ「できない」「やらない」のか、理解することはいつまでもむずかしいままだ。
多少時間をかけても、「いまここ」での子どもの様子から集団と一人一人の様相をとらえたい。そして、リーダーの思いや願いをアイメッセージで語りかけ、向き合い、理解を求める。これをするためには、教師自身がねらいをしっかりと吟味しておくことが大切なのではないだろうか。

〔川端久詩〕

インストラクションがうまく伝わらない

●ねらいが伝わっていなかった

小学校三年生の学級開きでのこと。進級したての新しい学年。初めてのクラスがえで新しい学級。こんなときこそエンカウンターと、さっそくあいさつゲームを行った。教室を自由に歩き回り、出会った人と握手をして自己紹介していくエクササイズだ。子どもたちは喜々として動き回り、教室の中がぱあっと明るくなった。

次に、「今度は、出会った人とジャンケンして、勝った人が負けた人に一つ質問しよう」と伝えた。子どもたちは歓声を上げ、ニコニコと新しい二人組をつくっていく。ところが、数人ほどとジャンケンしたあと、動きが鈍くなった子どもたちがいた。

シェアリングでは、「ドキドキしたけど面白かった」「友達がたくさんできて楽しかった」「友達のことを知ってうれしかった」とたくさんの感想が出た。先ほどの子どもたちにもそっと聞いてみたところ、「質問されるのがちょっといやだった」ということだった。

この言葉を聞いたとき、私はハッとした。以前に研修会で聞いた、「仲よくなりたいと思ってする質問は不快感にならない」という言葉を思い出したからである。

質問し合うエクササイズの場合、必ず「答えたくない場合もあるだろうから、そういうときは『今は答えたくありません』と言ってね」と伝えている。今回も、そのような思いを込めて留意点を伝えたつもりだった。しかし実際には、楽しい勢いに乗って「あなたは変な人ですか？」と質問したり、唐突に「好きな人はだれですか？」と尋ねたりしてしまったようである。あいさつゲームの意義や目的について、小学校三年生にもわかるように、もう少していねいに伝えたほうがよかったのだと、配慮不足を痛感した。

それ以来、あいさつゲームではデモンストレーションのあとに「みんなはどんな質問されるとうれしいかな」と問いかけるようにしている。またシェアリングでは、「よく聞いてくれましたという質問がありましたか」と聞いてみることもある。もちろん、「仲よくなりたいと思って質問しようね」の言葉は欠かさない。

エンカウンターを行うときには、なぜこれをみんなにやってほしいのか、何を感じてほしいのかを、具体的にわかりやすく伝えることが大切なのである。

●一方通行のコミュニケーション?

インストラクションとは、エクササイズの目的、やり方、留意点を教示することである。教師は全員に同じように説明するのだが、一人一人の受け止め方はみんな異なる。

子どもたちに対するインストラクションが、教師の一方通行のコミュニケーションになっていないだろうか。異なる受け手にもできるだけ正確に伝わるように、少なくとも次の二つに気をつけたい。ひとつは子どもたちの反応を見ながら話すこと。もうひとつは、質問がないかを確認しながら進めることである。

●コツは簡潔明瞭!

上手に伝えるには、表現が簡単ではっきりしているほうがいい。相手にわかってもらおうとくどくど言ってしまうと、かえって焦点がぼけてわかりづらいからだ。

伝えたいという思いが強すぎると、同じことを何度も言ったり、例をあげて過剰な説明をしてしまうことがある。しかし子どもたちはかえって意味がわからなくなり、すんなりエクササイズに入れなくなる場合がある。

やはり、インストラクションは簡潔明瞭がいい。そして、説明したあとは必ず質問を受けるようにする。質問に答えることで、個々の子どもに対応することができるからだ。

●自分の頭で、自分の言葉で

十分説明したつもりなのに、いざ始めたらうまくできなかった…という話を聞く。本に書いてあるとおり説明したが、実際にはうまく展開しなかったということであろう。果たして本に書いてあるとおりの説明だけで、参加者にうまく伝わるのであろうか。

簡潔明瞭とは、それを説明するリーダー自身にとっても簡潔明瞭だということである。エクササイズの目的ややり方について自分なりに吟味し、理解したうえで伝えることが必要だ。大事なことは、自分の頭で考えて、自分の言葉で表現することである。

とくに目的を述べるときは、リーダー自身の体験を通して語りかけるようにするとよい。これは、リーダーの自己開示ということである。子どもたちの親密感がぐっと増す。エンカウンターはインストラクションから、いやそれ以前から始まっているのである。

［髙橋光代］

インストラクションのスキル

構成的グループエンカウンターの「構成的」とは、「枠」を与えるという意味である。「枠」とはエクササイズ、グループサイズ、時間のことで、リーダーがあらかじめ設定する。参加者にはこの枠の中で行動することを求めるので、初めに十分に説明しておくことが大切である。これが、インストラクションの役割である。

伝える三つの内容

では、インストラクションで何を伝える必要があるのだろうか。内容は次の三つとなる。

①ねらい

なぜこのエクササイズをするのか、みんなに何を感じとってほしいのかについてである。ただ「楽しいから」「みんなが喜ぶから」という理由ではないことを伝えたい。

例えば、「こわそうだなと思って敬遠していた人とトラストウォークでペアになった。初めは不安だったけど、一生懸命、転ばないようにと、汗をびっしょりかきながらリードしてくれるのを感じたとき、だんだん安心できるようになった。いい人なんじゃないかなと思えるようになって、『ありがとう!』と話しかけてみた。みんなにもこんな気持ち味わってほしいな」という感じである。

このとき、自分の体験や気持ちを交えて話すのが基本である。これにより、エンカウンターは建前でなく、本音と本音を語り合う場なのだと、子どもたちに身をもって知らせることができる。つまり、教師はモデリングの対象になるのである。

また、「やってみよう」「新しい自分に出会えるかも」と、子どもたちにやる気を起こすことができる。年齢によっては、エクササイズの理論的な背景にふれてもよい。

②方法

エクササイズのやり方である。どこで行うのか、ペア（グループ）の組み方、どのくらいの時間で行うのか、使う道具はあるのか、その他エクササイズの決まりごと（ルール）を具体的かつ正確に伝える。

説明のポイントは、歯切れよく進めること、一度にたくさん指示を出さないこと、内容によっては図などをかいて示すこと、デモンストレーションを行うこと、そしてわかったかどうかを確認してほめることである。

山本五十六の有名な言葉に、「して見せて、言ってきかせて、させてみて、ほめてやらねば人は動かじ」というのがある。これが、やり方を説明するときの基本である。

③留意点

エクササイズ中にしてはいけないこと、しなくてもいいことである。答えたくない質問には無理に答えなくてよいなど、インフォームドコンセントに関することである。

これは、参加者の権利を守り、ダメージを防ぐために必要なことである。

「簡にして要を得る」が基本

インストラクションのコツは「わかりやすい」ことである。ただし、わかりやすくとは、微に入り細に入り説明することではない。老婆心も過ぎればただのお節介である。

「ていねいで、お節介にならない」こと。それが、「簡にして要を得る」ということであり、インストラクションの極意である。

本などを片手に、一字一句読み上げるようなことは避けたい。事前に展開をイメージし、しかもそれに縛られないで、子どもたちの動きや表情をとらえながら臨機応変に行う。これがよいインストラクションである。

教師への信頼感を高める効果

子どもたちがまだよく理解していないと感じたら、時間にとらわれずていねいに説明することが大切である。そして「わからないところはありますか」と聞く。

わからなくても質問しなかったり、「まだよくわからない」ということが自分でもはっきりしていない子もいるので、非言語のメッセージに気づく感性も必要である。

「私は人の話を一笑に付さない。どんな質問にもていねいに答える」という姿勢は、教師への信頼感を高める効果をもつのである。

安心できる雰囲気づくり

エクササイズに安心して取り組めるよう、初めにリラックスした雰囲気をつくりたい。

クラスがえ直後なら、「みんなリラックスして！」と始めるより、「思いっきり体を動かしながら始めよう」と校庭へ出ていってウォーミングアップするほうが、不安は軽くなる。

言葉だけを頼りに子どもたちを動かそうとしても限界がある。

［岸田優代］

デモンストレーションのスキル

デモンストレーションとは、リーダーが実際にしてみせることである。食卓の「香辛料」のようなもので、主役にはなれないが、食をそそり、より深い味わいを料理に与えてくれる。子どもたちののりが悪く、インストラクションがうまく伝わらないと悩む人には積極的に導入することを勧めたい。子どもたちのモチベーション(motivation)を高め、リーダーである教師への親近感(intimacy)を高めてくれるはずである。

モチベーションを高める

子どもたちがこれからやるエクササイズに対して過度の不安や緊張感、そして疑問を抱いているとうまくのれない。そこで、次の二点について、口頭では十分に伝えられない部分を実際にしてみせることが必要である。

一つめは、エクササイズの手順や動作についてである。例えば、出会った人と握手をして挨拶をする「自由歩行」のエクササイズでは、手の握り方、アイコンタクトのしかた、挨拶の言葉を具体的に示す。あるいは二人一組の場合は、椅子の位置、相手との距離、聴く姿勢、声の質や音量、表情、手振り身振りを示す。エクササイズの要領を飲み込めれば、子どもたちはより伸び伸びと、かつ自分なりの工夫をして参加する。

二つめは、相手に対する自己開示(self-disclosure)のしかたである。ほとんどのエクササイズでは自己開示が求められるが、自己開示の不得手な子どもは、どの程度まで自己開示すべきか悩む。教師がモデルを示してくれれば、安心して自己開示することができる。
人はわからないことには不安を抱くもの。百聞は一見にしかず。不安感や緊張感が解消されれば、自分もやってみようという気になる。そして、学級全体に積極的に取り組もうという雰囲気がみなぎってくる。

教師への親近感を高める

エンカウンターは、子ども同士の人間関係とともに、教師と子どもの人間関係にも重点を置く。いい人間関係とは、相互に親近感を高め合っている状態である。教師に対する親近感が高ければ、子どもの参加意欲は高まる。さきに述べた教師自身の自己開示は、教師への親近感を高める効果もある。例えば、「結婚にとって大切なものは」のエクササイズでは、「一番は健康。どんなに財産があっても、容姿がよくても健康じゃないと大変。以前、女房がけがをして入院したとき、娘もまだ小さかったので苦労しました」という具合である。

自己開示には勇気がいるが、リーダーである教師が子どもとの人間関係をつくるうえで不可欠な資質である。なお、自己開示は、浅すぎても深すぎても人間関係づくりにはマイナスになることがあるので、適度な自己開示ができるように日ごろからトレーニングする必要がある。

デモンストレーション実施上の留意点

デモンストレーションを実施するうえで、留意する点が五つある。

一つめは、形態。エクササイズの中身に応じて、教師一人、教師と子ども、教師同士、子ども同士の四つから最も効果的な形態を選んで行う。自己開示のしかたに焦点をおく場合は、教師一人で行うのが適している。手順や動作を示す場合は、教師と子ども、あるいは子ども同士が効果的である。

二つめは、時間。限られた時間での実施なので、簡単明瞭にポイントを押さえて行う。ここで教師が調子にのりすぎると、メインのエクササイズが尻切れトンボになるおそれがある。

三つめは、場所。だれからも見える位置、例えば、教室の中央で行う。陰になって見づらい場合は、「席を移動してもいいよ」と配慮する。

四つめは、協力者選び。子どもに協力してもらうときは、だれを選ぶかが成否の鍵となる。自薦がよいが、自薦者がいない場合は、目立ちたがり屋を指名すると盛り上がる。あえて引っ込み思案な子どもを選ぶという考えもあるが、初心者の場合はリスクが大きいので要注意。

五つめは、協力者へのお礼。デモンストレーション終了後、感謝の意を込めて「ありがとう」と言って、一同に拍手を求めることを忘れてはならない。これは、雰囲気づくりにもなる。

デモンストレーションは、教師の見せ場でもある。子どもたちとの心の出会いを楽しみたい。

［横島義昭］

4
エクササイズがうまくいかない!?

子どもたちののりが悪くて収拾がつかない

●初めは英語のゲーム感覚だった

私は中学の英語の教師である。授業ではゲームを使ったコミュニケーション活動をよく行う。「英語の授業が楽しい」と言われれば満足だった。エンカウンターを本で知ってさっそく飛びついたのは、これで学級活動や道徳も楽しくなるぞ、という安易な気持ちだった。『エンカウンターで学級が変わる』だけを頼りにあれこれとやってみる日々が続いた。担任の中学校一年生のクラスは、おおむね良好。エンカウンター効果か、和やかになったクラスの雰囲気に満足していた。そのころの私には、エンカウンターはクラスの雰囲気をよくする英語のゲーム感覚だった。

●のってこない!

二年生にもち上がり、エンカウンターを続行した。学級開きの「PR大作戦」、授業参観での「究極の学校選び」、「わたしの四面鏡」「君がいてくれたから」……。今年も順調に思えた。しかし、二学期も後半になると、二名の男子がのってこなくなった。すきあらばふざけようとした。振り返りやワークシートには巧妙なうそがあった。三年に向けて心配なことというアンケートには「また、阿部明美と一緒になること」とあった。私の何が彼らを追い詰めているのか、わからなかった。エンカウンターであたたかい雰囲気をつくったはずなのに。「やるよー」「オーケー」と英語のゲーム感覚で進んでいたエンカウンターに、私はしだいに自信を失っていった。

●エンカウンター体験コースへの参加

二年生を終え、重苦しい敗北感を抱えて私は体験コースへ向かった。栃木県に正式採用されて二年、順調だった教師生活は座礁していた。クラスでやってはいたが、自分が生徒の立場になるのは初めてのことだった。エンカウンターに浸りきった三日間。生まれ変わった私がいた。エンカウンターの持つすさまじい力を実感した。ひとりの人間として抱えてきた重荷をまさか、ここでおろすことになろうとは思ってもみなかた。ただただエンカウンターにほれ込んだ。同時に二人の男子の苦しみが初めてわかった。「のってるかーい」「はーい」なんて軽そうにしながら、実は魂の底をえぐられるようだったはずである。

エンカウンターは実は自分を赤裸々に見つめていく厳しい作業である。それに耐えられるだけの健全な自己が育っていない二人はどんなにつらかったであろう。大人の私ですら、怖くてつらくてとても参加できないエクササイズがあった。輪の外で過ごしたひと時の苦しさ、それを乗り越えた時の心の軽やかさを経験してようやく気づいた。私は彼らにエクササイズを拒む大切な権利も十分与えていなかった。一見したのりの悪さには、実は自我を守る必死の抵抗があったのだった。のれない苦しさを受け止め、そこにいる自分を見つける助けをすべきだった。

●そして三年六組

生まれ変わった私に与えられた新たなクラス、三年六組。深い自己発見、自己変容を経た私はエンカウンターを携えて堂々と子どもたちの前に立った。のれない子どもたちを恐れることはもはやなかった。エンカウンターはゲームでは断じてなかった。

学級開きのエクササイズは恥ずかしさもあって、なかなか話がはずまなかった。「むずかしかったらひとことでもいいよ」「聞く人も心をこめて聞いてあげようね」。グループの中を走り回って、優しく、明るく声をかけていった。やがて全体の空気が和み、子どもたちが心を開き始めたのを感じる。のりが悪そうでもあわてない。いらだたない。堂々と続行する。しんみりと自己開示をし、よいモデルを示して次へ進んだ。振り返り用紙には「話したことのない人と話せてよかった」「みんなよい人だった」と充実感があふれていた。とくに思春期の中学生は恥ずかしくて簡単にはのってこない。集団のレディネスを十分考えて、本当につらそうな子どもへのケアがあれば、表面の「つまんなーい」にふりまわされることはない。心の中ではけっこうのっていることも多いからだ。

卒業記念にと最後に「トリップトゥヘブン」を試みた。男女混合のチームにしたのが大失敗の原因だった。三チーム中、のりにのったのは一チーム。介入も一人では人手不足。「今日のはつまんなかった」。振り返り用紙には不満がいっぱい。しかし「怖くて結局、上げてもらえなかったけど、みんなの励ましがうれしかった」。できなかった中で仲間のあたたかさを味わった子どももちゃんといる。のりが悪い時こそ学ぶことが多いものだ。がっかりしない自分に満足。これからものりの悪さを恐れず、新しいエクササイズに、新しい子どもたちに、新しい自分にエンカウンターしていきたい。［阿部明美］

うまく展開しない時のチェック項目

エンカウンターに失敗はない。そのときに起こった出来事を、リーダーとメンバー、メンバー同士がエンカウンターしていくきっかけとすればよいからである。それでも、うまく展開しなかったときは、原因を分析する目をもつことがリーダーとして必要な資質といえるだろう。とても勇気のいることだが、よりよいリーダーになるために、冷静に振り返る視点をもちたい。例えばＶＴＲで自己の姿を見てみると勉強になる。

ここでは、小学校のある学級で実施した場合を想定して、ポイントを提示する。

大まかなチェック項目

エンカウンターのリーダーとしての態度、やり方、子どもの見方に分けて例示する。

(1)　リーダーの態度はどうだったか

①リーダーは適度に自己開示したか。

②リーダーは、子どもの気持ちを本音で受け止めることができたか。

③リーダーは適度な自己主張ができたか。

④集団の中で個を大事にしていたか。

⑤リーダー自身が楽しめたか。気づきや学びがあったか。

(2)　やり方はどうだったか

①エンカウンターするという、雰囲気づくりが適切にできたか。

②選んだエクササイズが、この学級に、この時期に、ふさわしいものであったか。

③インストラクション（教示）では、ねらい・やり方・留意点を簡潔に言えたか。子どもたちにわかる言い方だったか。

④グループの分け方や人数、エクササイズにあてた時間や配分は適切だったか。
②ふざける子やねらいからはずれた行動をする子、反応のとぼしい子やエクササイズにのれない子へ適切に対処できたか。
(3)　子どもの様子はどうだったか
①子どもたちに、エンカウンターを体験する心の準備（レディネス）ができていたか。
②子どもたちは、エクササイズのねらいや、やり方がわかっていたか。
③シェアリングで、一人一人の子どもが気持ちを振り返ったり、語ったりしていたか。
④子ども自身が楽しめたか、気づきや学びがあったか。
⑤ひどく落ち込んだり、傷ついたりした子はいなかったか。

初めからうまくいく人などいない。かく言う筆者も多くの失敗を重ねてきた。しかも「失敗だった」と思うと、その回のエンカウンターすべてがダメであったかのように考えてしまうことがしばしばあった。

しかし、冒頭にも書いたように、エンカウンターに失敗はないのだ。私は次のように考えて、乗り越えてきた。

「うまくいくにこしたことはない。うまくいかないからといって、このクラスにエンカウンターは向かないと決まるわけではない」
「すべての子どもに意味がなかったかどうかはわからない」

細かいチェック項目

そこで、とくにやり方や子どもの様子につ

いて、次のように細かく見てみるとよい。「悪いなりにもよい部分があるのではないか」「悪かったのは一体どこで、どう修正したらよいのか」と考えてみる。例えば、次のような分析をするのである。

・ノリが悪かった子は全員なのか一部なのか。

・一部の子どもだけだとしたら、毎回同じような行動をするのか今回だけか。

・違う時期だったら、うまくできた可能性はあるか。

・もう少しやさしいエクササイズの経験を積み重ねていけば、今回のエクササイズもうまくいった可能性はあるか。

・リーダーの話し方に気をつけるところはないか（話す速度、声の大きさや明るさ、言い回しなど）。また、大事なことは画用紙に書いておくなど、工夫の余地はないか。

成功させるためのカギ

エンカウンターをうまく進めるには、いくつかのカギがあるように思う。他の人の実践を見たり、自分でもエンカウンターを体験したりして、そのカギを見つけてほしい。筆者が考えるカギは二つである。

①インフォームドコンセント

十分な説明と同意、つまり何のためにエンカウンターをやるのか、子どもたちに伝えること。

②自己開示

インストラクションで、自分の失敗談や感じた気持ちを素直に伝えること。これが子どもの心に響いていくのである。　［朝日朋子］

エクササイズ以前のエンカウンター

エンカウンターを実施するときだけ、エンカウンターモードになるというのではない、日常のなかにあって、教師が子どもたちとの人間関係づくりをしようとする、その姿勢のなかにこそエンカウンターがあるのだと言いたい。これが本稿の目的である。

教師の考えが言葉に現れる

教育活動において、教師の言葉が大切なのは言うまでもない。教師の言葉に心が揺れるから、子どもたちはやってみようという気になる。だから、自分の言葉が子どもたちにどう響いているのか、いつも振り返って見つめる姿勢が必要である。

これは、エンカウンターを志向する人にとってさらに重要である。エンカウンターにはそれを支える思想がある。「人は他人の自由を奪わないかぎり、ありたいように生きられる」という思想がある。つまり「人生の主人公は自分である」と考えているのである。私自身、この考え方に共鳴するものがあって、人生を自由に生きたいと思うようになった。

自由に生きるとは、自己責任が生じるということでもある。自分がありたいような生き方をしたいと思うのであれば、他者の人生のそれも受け入れていかねばならない。それは、相手がどんなに小さな子どもであっても、一個の人間として尊重していく態度につながっていくだろう。

自分の考え方の点検

さてそこで、自分の考え方を点検してみよ

う。「人は他人の自由を奪わないかぎり、ありたいように生きられる」と本当に思っているのだろうか。「自分の人生の主人公は自分である」と本当に思っているのだろうか。エンカウンターはグループ体験を通して個の成長を促すのだが、本当に一人一人の子どもを伸ばそうとしているだろうか。本当に一人一人の子どもの力を信じているのだろうか。

厳しいかもしれないが、自分はそういう教師でありたいのか、そうでないのか、やはり自問自答せねばなるまい。

國分カウンセリング研究会主催のエンカウンター体験コースでは、エンカウンターを教育活動に取り入れてから体験しに来る方が意外と多い。そして、自分自身が体験するなかで、自分が自分を大切にしてこなかったことや、自分の人生を受け入れがたい思いで過ごしてきたことなどに気づいている。そんな方々が、自分と和解したり、人生の重荷を解く場面にも遭遇する。そのとき、はじめてエンカウンターが体験的に理解（体験をともなった気づき）されていくのである。その後の学校での体験をきいてみても、自然体でエンカウンターを実践できるようになった例に、いくつも遭遇する。

日常の人間関係づくりのヒント

こんな考え方がもとにあると、一人一人の子どもとの人間関係をつくることが自然にできるようになってくる。自然に、子どもの生き方を大切にしようと思うようになるし、その思いが言葉を通して、伝えられるようになってくる。

その体現化の第一が「子どもとの人間関係づくりを大切にする」ことである。教師から先に子どもを理解しようとすることなのである。

エクササイズ以前のエンカウンターとは、日常の教師と子どもの人間関係づくりだと言える。そこで、私や仲間が実践している人間関係づくりの一例をあげておく。日常の中に取り入れてみることをおすすめしたい。

①出席は子どもの目を見ながらとる。欠席を確認するのではない。いまここにあなたがいるね、という確認である。

②個別面接の工夫。私は休み時間を使って、教室で一分間面接を実施している。子ども一人一人をわかろうとする試みである。

③授業でのさりげない自己開示。私自身をわかってもらう試みである。教師の自己開示的な姿勢は、子どものモデルになる。授業と関連づければ教材がより身近になる。

④子どもの発言を大切にする。正解でなくても、まず取り上げて、なぜそう考えるか聞く。当たり前のように思うだろうが、意外と生徒は喜んでくれる。

⑤低学年の場合はスキンシップを大切にする。抱っこしてあげるとか、帰りに全員と握手するなどである。

ほかにもたくさん工夫している方がいると思う。要は「一人の人間として、私は先生から大切にされている」とどの子にも感じてもらえるような日常の取り組みが、学校でのエンカウンターの効果を高めるのである。

［吉田隆江］

準備不足で子どもがふざけてしまった

●安易にやってしまったほめほめジャンケン

学校に慣れてきた五月、みんなが自分のよさを知ることで、肯定的なクラスの雰囲気をつくりたいと思った私は、小学校一年生をつれて体育館へ行った。一年生にだってできるエクササイズはあるはず……と選んだのは「ほめほめジャンケン」だ。

人数が奇数だったので、全員が二人組になるよう担任も入ってペアを決めて始めた。しかし、まもなく体育館を走り回る子が出てきてしまった。相手の子はひとりで黙って立っている。

「あれっ、どうしちゃったんだろう」。そう思った私は、相手の子と私のペアの相手を組ませ、その子のところへ急いだ。そして、「どうしてやらないの」と聞いた。「わかんない」と言うその子の気持ちをよく聞くと、どうやら友達の何をどうほめたらいいのか、わからなかったらしい。だからつまらなくなって、走りだしてしまったようだ。

「では……」とほかの子の様子をよく見ると、一応は相手のよいところをほめ合っているが、伝える内容がデモンストレーションで示されたものに限られている。伝えたい内容を言いつくしてしまい、他のペアたちの様子を見ながら黙って立っているペアも複数ある。三分間で伝えるという設定が、一年生には長すぎたようだ。

「しまった」と思った。入学してまだ二ヶ月の一年生には、相手のよさがよくわかっていない。それを三分間も伝え合うのはとてもむずかしいことなのだ。

「今年もこの子たちとエンカウンターをやっていきたい」という担任の思いだけが先行し、実態もよく考えず、エクササイズに子どもを合わせようとしていた。

「困ったな。どうしよう」と焦りながら、このまま続けても効果は得られないと判断し、思い切って伝える内容を「自分の好きなこと（もの）」に切り換えることにした。全員を集めて「途中でごめんね。友達のいいところをまだあまり見つけられてなかったね。もっともっとたくさん見つけてからやることにしよう。今日は、自分の好きなことをお友だちに教えてあげて」と言ってその場をしのいだ。しかし、時間はすでに半分以上経過していた。

●帰りの会で友達のいいとこ見つけ

それ以降は、帰りの会に「お友達のいいとこ見つけたよコーナー」を設け、みんなでいいところを発表し合うようにした。「〇〇さんは、廊下のポスターがはがれていたので、画びょうできれいに貼っていました」「〇〇さんは、教室に入るとき、校庭に転がっていたボールを片付けていました」などと担任の知らなかったことも聞けるので、子ども理解も深まり参考になる。いいところを見つけてもらった子は、ニコニコと笑顔で聞いていて、とってもうれしそうだ。そして、今度は自分も見つけてあげようと努力している姿が見られた。

運動会などの大きな行事の後は、とくに発表が増えた。よく発表する子には、「よく気がついたね」「いいとこみつけチャンピオンだね」と言ってほめた。また、ときどき賞状をあげたりして、継続することで形式的にならぬよう配慮した。

●同じエクササイズに再度チャレンジ

子ども同士がだいぶ理解し合えたと思った十二月のある日、もう一度「ほめほめジャンケン」をやってみようと、子どもたちと体育館へ向かった。帰りの会の「お友達のいいとこ見つけたよコーナー」で発表された内容にも詳しくふれ、「ああいうこともほめてあげられるね」とたくさん示した。伝える時間も二分間にしたが、伝える前に相手のいいところをできるだけたくさん頭に入れておくよう、一、二分間時間を与えた。

子どもたちはペアを三回かえて、どの子とも集中してやっていた。伝える内容も広い範囲に及び、時間を持て余している様子はない。前回走り回ってしまった子はどうかと注意して見ていたが、今度はやり方をよく理解し真剣に参加できたのでほっとした。

そして、最後のシェアリングも、数人ではあるが「毎日がんばっていたお花係のことを、三人からほめてもらえてうれしかったです。これからも、もっともっとがんばろうと思いました」「今まであんまりお話しなかった○○さんがたくさんほめてくれたので、ありがとうって思いました」などと、一年生なりに自己を見つめるものだった。他の子たちも笑顔で友達の発表を聞いていた。

［別所靖子］

エクササイズの選び方

エクササイズ選びもTPO

いつ（Time）、どこで（Place）、どんな状況で（Occasion）エンカウンターするのかかを考えると、ぴったりのエクササイズが見えてくる。

エンカウンターに出会ったばかりのころは、無我夢中で、自分の体験したエクササイズだけが頼りで、「とにかくやってみよう！」と意気込む。生徒も先生の勢いに押されるのか、うまくいくことが多い。

ところが、自分の体験したことのあるエクササイズをすべてやってしまうと、次が続かない。目の前の生徒の状況を考えに入れず、自分にできそうなものばかりを行うと、とんでもない失敗をしかねない。

Time　いつ行うの?

学校では、四月の新しい出会いから一年かけて、自分を取り巻く人間関係を少しずつ広めたり深めたりしていく。こうした流れで、その時々の目的に合ったエクササイズを展開できれば効果的である。中学校のエクササイズ選びのポイントは以下のとおり。

〈一学期〉お互いをよく知り、認め合うエクササイズで、新しい人間関係を築く。

〈二学期〉一学期に形成された人間関係をもとに、自他を多角的に見られるようなエクササイズを実施し、自己理解をより深める。

〈三学期〉信頼し合える関係を生かし、社会的スキルをトレーニングするようなエクササイズを実施して、自分の欠点や弱点の克服をはかる。

Place どこで行うの?

ふだんはもちろん学校内で行うが、本来、エンカウンターは外界を遮断した「文化的孤島」で宿泊を伴い集中的に行うものである。学校の現状でそれはむずかしいが、移動教室となればかなり近いものがある。親元を離れたなかでの「内観」は効果的であった（内観は上級者向きなので慎重に）。

Occasion どんな状況の中で行うの?

まずは教師集団について。異動後など、これから新たにエンカウンターを取り入れようという場合、ぜひ学年なり学校全体なりで取り組むことをお勧めする。そうなると、自分以外はエンカウンターを知らない先生方と行うことになる。そんな時は、指導案（種本のコピーでも可）や、プリント（ワークシートや振り返り用紙など）、必要なものはできるかぎり準備してあげるとよい。また、準備するものが多いエクササイズほど、初めての先生でも抵抗が少なくなり、安心して取り組める。

次に生徒集団について。生徒の抵抗が強い場合、ゲーム的要素の強いエクササイズから入ると、参加しやすくなる。また、握手に抵抗がある場合は、身体接触の面積のより狭い、フィンガータッチ（指先で）にしてみる。

エクササイズの種類と効果的な選び方

では、具体的にエクササイズの種類を分類してみよう。

①短時間でできるもの
②継続して行うもの

③準備のいるもの、準備のいらないもの
④ゲーム的要素の強いもの、作業をともなうもの
⑤ロールプレイ、シナリオ
⑥内面に訴えるもの

より効果的なエクササイズを選ぶには、今の生徒の状況を把握し、目的を明らかにする必要がある。以下いくつか例を示す。

・年度当初は、生徒と生徒、生徒と先生のリレーションをつくることが目的なので、「ネームゲーム」や「○○先生を知るYES・NOクイズ」などが効果的である。
・緊張の場面が続くような授業の中では、毎時間ショートエクササイズを用いて、「リラクゼーション」を行う。
・いじめをなくすため、ロールプレイやシナリオを用いて疑似体験してみる。
・学校行事の際には、事前に団結力を高めるためのエクササイズを行い、準備期間中は行事への取り組み自体を一つのエクササイズとして、シェアリングを深める方法もある。そして事後に、「君もどこかでヒーロー」を行う、といった学校独自の流れをつくっておくと生徒へ定着しやすい。
・同じゲーム的要素の強いエクササイズでも、「新聞紙ジグソー」のように一つのものを作り上げるものから、「SOS～砂漠でサバイバル」のように合意形成を求めるもの、「君の人生ハウマッチ」のように価値観を深めるものがあるので、目的にあったエクササイズ選びが大切である。

［鹿嶋真弓］

突然エクササイズに参加できなくなった

●自己を打ち出す「三つの部屋」

人は、それぞれ姿かたちが違うように、生きている背景も思考・行動もみんな違う。違いがあることが素晴らしいことなんだ。どんな人の意見も、傾聴に値する。たとえ他の人と意見が対立しても、勇気をもって自分を打ち出していくことは、自分を大切にしていくことに通じる。こんな願いをもって、「三つの部屋」というエクササイズをした。

教室の中を三つに区切り、質問に対して「正しい」と考える人は右端、「間違っている」という人は左端、「どちらか迷っている」人は中央に移動することにした。テーマを明記した短冊（例えば、「嘘はよくない」「テレビはためになる」「自分のことが好きだ」「一番大切なのは友達だ」）を順番に提示し、ねらいやルールを説明した。デモンストレーションもした。学級の雰囲気、発達段階、抵抗を示す子にも配慮し、「これならやれる」という自信はあった。

初めに、「嘘はよくない」というカードを提示した。みんな活発に動き、移動した場所で自分の考えをみんなの前で発表する子もいて、「いける」と思った。

ところが「一番大切なのは友達だ」のカードを提示したときである。一人ぽつんと立ったまま移動しない女の子が目にとまった。他の子が活発に考えを主張し合うなか、この子が参加を拒否したことは、立派な自己主張である。私は、どのような反応をするのか注意深く見守りながら、とくに声をかけることはしなかった。たとえみんなの前で、気持ちや考えを主張できなくとも、彼女の心の中では、何かしらの変化が起こっているはずである。あとでフィードバックし合って、生かしていきたいと思った。

●参加しない自由もあるのだとの美名のもとに!

終了後、子どもたちの振り返り用紙に目を通した。子どもたちは、「楽しかった」「興奮して、言い合いになり、なんか後味が悪かった」「同じ立場でもいろいろな考えがある」「自分のことや友達のことがわかった感じがする」など、さまざまな気づき方をしていた。しかし、途中で参加を見合わせた女の子の用紙は白紙のままであった。

私は、とても気になった。エクササイズに参加したくない自由を認めていたはずなのに……。と思いながら、「感じたことをひとこと書いてほしかった」と伝えた。

その子は言った。「先生。最後の問題は比べられないよ。私にとって、友達も両親も、飼っている子犬もみんな大切だもの」と。私は、「そう。それならそのことを伝えてほしかったなぁ」と言った。するとその子は、「参加したいけどできない。だって、先生は何も言ってくれなかった」と。私は、はっとした。つらい思いをさせてしまった。参加しない自由もあるのだとの美名のもとに、集団から離れてぽつんとしているその子のつらさに思いが及ばなかった自分の未熟さを恥じた。

●介入が不十分な結果起きた

エンカウンターは、エクササイズへの参加を拒否する自由を認めている。だからといって、その子に何も与えないということでない。エクササイズの参加に不安のある子がいれば、事前にその子にだけ内容を説明しておくとか、違った形で参加できる案をいくつか提示し、選択させる配慮が必要である。だが、これが不十分だったために、女の子に抵抗が起きた。自分が人に大切に思われている感じが得られるような介入が必要だったのである。それが心のエネルギーになり、参加意欲を高めることにつながっただろう。

●人としての基本的な感じの回復

エクササイズで抵抗を示す子にとって、まず必要な介入は、人としての基本的な安全で安心な感じの回復である。安心感を喪失すると、どうしても人を敵として身構えたり、思わず心身に緊張が走ったりして、意欲の低下や心的ダメージを招きかねない。だから、不当な緊張や不安を和らげる教師のかかわりはとても大切である。

私は、さきにあげた女の子との出会い以来、抵抗への介入のひとつとして、國分康孝が唱えるワンネスの世界を大切にするようになった。例えば、ぽつんと参加できずにいる子に近寄り、そっと両手を肩に置き、「大きく深呼吸して、そして、ゆっくりはいてごらん。そう、そうだよ」と言う。それからそっと手を離して、「どう。どんな感じ」と尋ね、本人にできる参加のしかたを提示し、選択させる。その子がほっとできるメッセージを手に託し、肩を通じて伝えることは、言語メッセージ以上に真実を語る。またそれは、その子と私の新たなエンカウンターの始まりでもある。

［森田　勇］

抵抗に対処するスキル

「抵抗」とはとらわれのことである。とらわれとは偏りのことである。

人間はみな、この偏りをその人なりの固有の形に変えて（特定の感情や特定の思考、特定の行動として）もっている。その偏りが「抵抗」となって現れてくるのである。

やっかいではあるが、「愛すべきは偏り」である。だから、エクササイズに対する抵抗は悪いわけではない。抵抗は自己発見のきっかけになるのだ。しかし、予防するに越したことはないので、ここにその抵抗の種類と、それに対処するスキルをあげたい。

ここでいう予防とは、心の準備をさせるという意味のことである。

三種類の抵抗

私は現時点でエンカウンターにおける三種類の抵抗を見出した。それは、①構成、②変化、③取り組みへの抵抗である（片野智治・國分康孝　一九九九　構成的グループエンカウンターにおける抵抗の検討　カウンセリング研究　三二巻）。

(1)構成への抵抗（超自我抵抗）

「構成されること」によって誘発されて起こる抵抗である。エンカウンターでは、エクササイズ、グループサイズ、メンバー構成、時間がリーダーによって構成されていく。この枠組みが、メンバー自身がすでに持っている行動の基準と衝突すると起こってくる。

(2)変化への抵抗（自我抵抗）

「自分が変わること」に対する抵抗である。人には変わりたいという思いもあるが、変わりたくないという思いもある。エクササイズによっていままで気づかなかった自分に出会うから「あたふた」するのである。これは、自分を守ろうとするものでもある。学校で実施する場合は、だれもが変わりたいわけではないから、この抵抗に気をつけたい。

(3)取り組みへの抵抗（エス抵抗）

人はだれでも遊びたいという本能をもっている。それを疎外されると抵抗が起こる。それがこの抵抗である。エンカウンターの学習性から起こるものである。

抵抗の予防と抵抗の生かし方

(1)構成への抵抗に対して

①メンバーの固定観念や考え方、価値観を、積極的に「支持」することである。「そういう考え方もあるよね」「人の目を見るのは失礼だというときもあるよね」といった具合である。これらはその人の行動の源泉になっていて、自分を守っているのだから、リーダーはすぐに突いてはいけない。

②リフレーミングの技法を活用する。「枠の中でやってみるとどんな感じか、やってみてから言うという手もあるよね」といった具合に、違う見方を伝えるのである。

③異論・反論を真摯に聞いたうえで、リーダーが毅然とした態度で「ここは私の考えでやりますよ」と自己主張する。最後はリーダーが毅然とリーダーシップを発揮すればよい。アイメッセージで言えば、意気込みが伝わるだろう。

(2)変化への抵抗に対して

①メンバー同士、リーダーとメンバーのリレー

ションづくりを怠らないこと。つまり「リレーションが人を癒す」のである。安心した関係の中でなら、自分が変ってもいいと感じられるからである。

②リーダーはメンバーに感情表明を求めるようにする。「変わりたくない」という感情を言ってしまうことで、その不安が去ることになるからである。

③イラショナルビリーフに焦点づけたコメントを多めに入れる。「人前で泣いてはならぬと思っていませんか」という具合である。

④リーダーが補助自我になって、変化することを援助する。

(3)取り組みへの抵抗に対して

①メンバーとのリーダーのしっかりしたリレーションづくりをする。

②エクササイズのねらいをシンプルにして、「簡にして要を得た」インストラクションにする。

③なぜこのエクササイズをするのか、理論的根拠を示す。カウンセリングの理論だったり、リーダーなりの人生哲学だったりする。

④メンバーの自己発見・洞察のたしになるコメントをする。「好意の関心から出た質問は、相手を不快にしないいんですよ」など。

⑤デモンストレーションをする。エクササイズの内容がビジュアライズされてわかりやすくなるし、リーダーに親しみもわく。

リーダーが相手の身になって「抵抗」をとらえようとすると、「抵抗」をその人の自己発見のチャンスとして生かすことができるだろう。

［片野智治］

居場所・役割の与え方

エンカウンターは集団の目標を達成しようとしたり、集団を一つにまとめようとするためのものではない。集団を活用して一人一人を育てるためにある。結果として集団がまとまることも期待できるが、目的は一人一人の世界をつくってもらうことである。

エンカウンターは集団のための個人ではなく、個人のための集団づくりをめざしている。このエクササイズはパスしたいというメンバーが出てきたとき、リーダーがどのように受け止めるか他のメンバーは注目している。

自分と向き合う自分と、集団と向き合う自分がいる。自分と向き合う面を大切にして、集団と向き合う面をパスしたい場面もある。集団を拒否しているのではない。このエクササイズに関しては集団と向き合うことができないということである。エンカウンターはインフォームドコンセントの考え方を重視しているので、答えたくない自由や参加したくない自由を尊重する。

居場所の設定

日ごろから、エクササイズへの参加にはパスができること、その時の役割について話しておくことによって、参加できない場合でも居心地の悪い思いをしないですむ。

例えば、参加しない子に

「このエクササイズでは、先生がみんなにいろいろと指示を出すから、君が聞いていてわかりにくい言い方だったらあとで教えてくれないか」と役割を与え、

「君が、もし途中でやりたくなったら先生に

教えてね。タイミングをみて入りやすい時に入れるからね」とつけ加えるのである。

役割の設定

役割を与えると、エクササイズそのものに参加しなくても、自分の存在を自己認知でき、クラスの一員として自覚できる。

「今日は、ここで先生のアシスタントをしてくれるかい。たのむよ」

「君がここにいると先生はとても助かるよ」

構成的グループエンカウンターの構成的とは、時間・テーマ・人数・シェアリングの方法などを決めることである。エクササイズを実施する前に、リーダーはこれらについて構成をあれこれと考えるだろう。そして、この「構成的」の意に具体的な対処法が隠されている。つまり、参加しない子にリーダーの補助者として動く役割を与えるのである。

①時間を計る係

「先生のストップウォッチで『始め』と言ったら、このボタンを押してね。○○分たったら教えてね」

「ありがとう。はい、そこまで」

②シェアリングの用紙を配る係

「エクササイズが終わったら、これを配ってくれるかな。時間まで、君も予想としてどんなことが書けるか考えておくといいよ」

「この用紙にね、みんなこれからの体験の感想や思ったことを書くことになるんだよ」

③会場で机やいすを移動する係

エクササイズによっては、机やいすの移動をする。

「先生一人だと、けっこう大変なんだ。悪いけど手伝ってくれるかい。みんなにも協力してもらおうな」

「この机を動かすと、けっこう広い場所ができるね。みんなが動きやすくなるんだよ」

参加する子どもたちの、参加しない子に対する心的ストレスも軽減される。

④小物類の配布や用品の準備のお手伝い

「みんなに協力するとしようか。このエクササイズに必要なものなんだ」

「これを配ると、このエクササイズが完成できるんだ」

以上の留意点として、エクササイズに参加している子どもから、ひいきされていると思わせないことである。縁の下を支えているというイメージが定着すれば、参加したがらない子どもに対する苦情は減少する。

「今日のこのエクササイズは、楽しかったろう。今日のアシスタントをしてくれた○○さんに拍手。ありがとう」

まとめ

エンカウンターの目的は、試行錯誤の体験を通して、思考・行動・感情が変容することである。参加したがらない子にも、見ていての感想がある。参加しないのも自分を出していることなのだと、リーダーは説く必要がある。できればそういう行動を通して気づいたこと感じたことを全体にフィードバックできるとよい。参加しない子を許容できるクラスは、「みんな違って、みんないい」を実践しているといえる。

［飛田浩昭］

エクササイズの途中で泣き出してしまった！

●「内観」を授業に取り入れる

家庭科の家族領域の学習の導入に、家族のかかわりを実感させたいと思い、「内観」を取り入れようと考えた。育ててもらうことは、「お世話になること」と考え、世話をしてくれる人がいること、迷惑をかけようが愛情を注いでくれる人がいてくれることの幸せを感じてくれればと願った。また、「お返し」に関しては、親に直接「お返し」することだけが「お返し」かどうか、大人になって自分が次の世代（子ども）を育てることが「お返し」になるのではないかということも考えてほしいと願った。

ただ、父親や母親、かかわりが深かった祖父母の死を経験するのは、とてもつらいものである。ましてや最近亡くしたばかりという生徒がいたならば、家族の話をするのはたいへんつらい思いをさせてしまうだろう。そう考え、授業時には生徒の表情に十分に気を配るように心がけた。もちろん、つらいといって泣き出してしまうことを否定するのではない。また泣けてしまうということは、それだけ家族との関係が深いわけで、すばらしいことと考える。つらい関係であった場合にも、それを口に出して言うことで少しずつ整理が進むことになる。ただ、生徒が泣いてしまった自分をさらけ出してもよいと思えない場合（恥ずかしくてしかたがない、あとで冷やかされはしないかの恐れがあるなど）は、心的外傷になってしまうことが心配される。そのことは避けたいと考えた。

●のり切ったと思ったが、思わぬところで……

まず、学習シートにそって、家族に「お世話になったこと」「迷惑をかけたこと」にはどんなことがあったか記入し、その後二人一組になり、インタビュー形式で聞き合った。「お世話になったことにはどんなことがありましたか」の質問に、初めはかたい表情の生徒たちも、だんだん顔がにんまりしてきて、学級全体が優しい雰囲気になってくる。思わず、「よしよし……いいぞ、みんないい顔になってきた」と悦に入りながら、その中でもちょっと気になる表情の生徒に気を使う。

「今日のお弁当はどうしたの？　つくってもらったんじゃない。いいね、お世話してもらえるって。大事にされてるってうれしいよね」

声をかけながら、順調に進んでいると感じていた。そんな時である。一度声をかけて通り過ぎた生徒の中に、泣き出している子を発見した。パートナーの生徒もどうしたものかとドギマギ、ちょっと困った感じでたたずんでいる。その子は「お返しができていない」と泣き出してしまったのである。

「お世話になったこと・迷惑をかけたこと」で泣き出してしまうことには、ずいぶん注意を払ったのだが、「お返しをしていない」と言って泣き出すとは。お返ししていなくても、かわいがって育ててくれる家族の存在を強調したいという下心をもって「お返ししたことは、あら、ないの?」などと気軽に話して回ってしまった。私はとにかく焦った。

「お返ししていないことを申しわけないと感じてしまうほど、いっぱいかわいがってもらっているんだね、きっと。だから、思わず涙が出てきたんだね、違うかな……。家族のよさをとても感じてくれたんだね、○○さんは」

声をかけると、その子は少しずつ落ち着きを取り戻した。この様子にホッとしながらも、自分の傲慢さに、穴があったら入りたい気分であった。

●子どもの純真さに脱帽、そして傷つけないために

この出来事であらためて、生徒の純真さ・繊細さに脱帽した。いっぽうで、泣いてしまうことを肯定的に受けとめながらも、オーバーに焦点化しないことを、私自身、心得なくてはいけないと感じた。また、泣いてしまった生徒があとで冷静になったとき、恥ずかしくてしかたがないといったことがないように泣くことの意味を教えたり、泣けてきたら申し出てもらったり、退室もやぶさかではないといったことを伝えたいと考えた。望むなら、そっとしておくなどの約束（インフォームドコンセント）をしておくことも大切だと思い知らされた。

そしてなによりも、世話をしてくれる人がいてうれしいといった気持ちを感じたり、気持ちがあたたかくなったら、それで十分としていこうと決めた。

自分自身はエンカウンターの体験を積んで、生徒が泣いてしまうことに抵抗がなくなってきている。だが、生徒は違う。エンカウンターの研修会でどこかすっきりした気分になったのはあくまでも自分のこととして考え、目の前の生徒を大事にしたエンカウンターを展開したいと気持ちをあらたにした。

［伴野直美］

Skill Up!

介入のスキル

「介入」とは、グループのエンカウンターが促進されるように軌道修正したり、自分の本音と向き合えるようにリーダーが応急処置することである。だから、①能動的に、②その場ですぐ、③アクションを起こすことが求められる技法だ。リーダーにとって、とてもむずかしい技法だといえる。

グループは動いている。動きのなかで瞬時に判断して、介入したほうがいいのか、少し待ってグループの動き（力）を待ったほうがいいのか決めなければならない。また、「受容・共感・傾聴」という原則に縛られていると、その機を逸してしまうこともある。

いっぽう、リーダーにとって重要な役割であり、エンカウンターの意味を味わえるのも介入である。介入によってエンカウンターの深みが増し、「ためになる」エンカウンターになっていくのである。

介入すべきとき

ポイントとなるのは、次の三点である。

①メンバーが自分の権利を守れないとき
②インストラクションどおりにエクササイズで動いていないとき
③ルールが守れていないとき

介入の判断基準

大事なことは「すぐに介入しない」ことである。なぜなら、「グループには人を育て人を癒す機能がある」があるからだ。これはグループアプローチの前提となる考え方である。グループの中では思考・行動・感情についての気づき、模倣、試行錯誤、共有体験が行われているからである。

また、あまり「介入しすぎる」と、メンバー同士が自由に発言ができなくなり、言えない雰囲気をつくり出してしまうからである。いちばんよいのは、「話していることがずれちゃったんじゃない？」などと、メンバー（子ども）の中から出てくることである。あるいは、ある人が攻撃されたのを見て「私、不愉快だ」と発言が出てくることである。メンバーのなかに軌道修正する力があれば、リーダーはあとからコメントするにとどめればよい。

問題は、待っていてもその機能が発揮されないときである。意味のない沈黙が長く続く、おしゃべりが続いてシェアリングにならない、特定の人が攻撃されて言い返せないときは、リーダーが「介入」するときである。

比較的容易な介入

全体をよく観察して雰囲気をつかめれば、インストラクションどおりに動いていない場合や、ルールが守れていない場合は介入しやすい。全体を見たら、グループの間を見て回り、グループごとの動きを見る。七〜八割が動いてないようであれば、「黙って絵を描くんですよと言ったけど、話してしまうのはなぜでしょうね」と全体に切り込んでいく。グループが限られていれば、そのグループのところで個別に介入していけばいいのである。

いちばんむずかしい介入

メンバーが自分の権利を守れないときに、

守りにいく介入である。特定の人が落ち込んだり、泣き出したり、怒り出したり、喧嘩が始まったりしたときである。ここで大事なことは、「個別でカウンセリングしない」ことである。「グループのなかで起きた問題は、グループのなかで対応する」が原則である。

ポイントは、その人の感情を明確にしてあげること。悔しい、悲しい、寂しいなどの感情を明確にする。それに対して、他のメンバーがどう感じているかを伝えてもらう。仲間とのリレーションを取り戻すことに焦点をあてて、リーダーが仲立ちするのである。

さらにリーダーが、①役割交換法のロールプレイ、②論理療法を用いた簡便法の面接、③補助自我になって自己主張させる、などの技法を身につければ、さらに深く介入することができる。介入は「アイメッセージ」ですると、相手を責めない言い方ができる。

介入の心がまえ

「勇怯の差は小なり　責任感の差は大なり」

これは國分康孝が少年時代に教わったリーダーの心がまえであり、いまも國分を支えている言葉だという。「リーダーであろうとメンバーであろうと、怖いのはだれでも同じ。しかしリーダーはグループの責任者であるから、言いたくないことでも言う責任がある。したくないことでもする責任がある。震えながらでもそれを言うか言わないかが、人物評価の岐路である」という意味である。

リーダー（教師）がメンバー（子ども）を守るのが「介入」なのである。　［片野智治］

「いいところさがし」でカードをもらえない子がいた！

●研究授業での失敗

私は、構成的グループエンカウンターを知るかなり前に、公開研究会の研究授業で失敗をしたことがある。失敗した内容は、まさにエンカウンターのエクササイズ「仲間のいいところさがし」と同じ内容だった。

研究授業は、当時「学級指導」と呼ばれる領域のものであった。「学級のみんなが気持ちよく生活できるようにするためには」という主題で、生活班をもとにした活動を行った。当日の授業を含めて、前後の流れは次のとおりである。

研究授業の前の週、学級指導の時間に、友達関係のアンケートやいじめに関する調査を行った。その調査結果を、学級会活動の時間を使って、グループごとに表やグラフにわかりやすくまとめた。これをもとに研究授業で発表しようとしたわけである。「わかったことや気づいたこと、学級の仲間への提案」などを、グループで自分たちなりに考察するという作業も行った。

研究授業当日、授業は学習指導案どおりスムーズに流れていった。それぞれのグループは、調査結果をグラフや表にまとめ、わかりやすく、しかもカラフルに模造紙に表していた。そして、クラスのよい点や友達関係の問題点について、自分たちの気づいたことや考えたことを発表し合った。また、それぞれのグループの発表や提案についても、感想や意見を活発に交換することができた。

いくつかのグループから、「お互いの悪いところばかり見るのではなく、よいところを見ることも大切である」という提案もあった。これを受け、残りの時間を使って、一緒に生活してる生活班の中でお互いの「いいところさがし」をしようということになった。ここまでは、私の計画した学習指導案のとおりである。

失敗は、ここから始まった。生活班の仲間一人一人についてよいところを探し、カードにその仲間の名前とよいと思うところを書いて渡すことを説明した。カードを配り終え、机間指導をしながら、私は教室の時計に目をやって、授業の最後のまとめの言葉を考えていた。

●ピンチがチャンスになった

公開研究会だったので、教室には入りきれないほどたくさんの見学者がいた。授業時間内に研究授業を終えようとしていた私は、全員の子どもがカードを書き終えたことを確認しないまま、次の指示をしていた。

「それでは、いま書いた仲間のよいとこカードを、相手の人に渡しましょう。そして、渡された仲間からのカードをじっくりと読んでみましょう」

そのとき、ある小学校の校長先生が、私の方を向いてしきりに教室の後ろのグループの一番後ろの席の女の子を指さしていた。

私は、合図を送られている女の子のそばに近づいてハッとした。一気に顔が紅潮するのを感じた。その子は同じグループの仲間から一枚もカードをもらえなかったのである。

私は、とっさにその子に謝っていた。

「ごめんよ！　先生が悪かったんだよ。ごめんなさい」

同じグループの子どもたちも、そのことに気づいて気まずそうにしていた。

胸の鼓動が高鳴るのと、紅潮した顔を自分でもはっきりと感じながら、私は次のようにまとめの言葉を言って、学級指導の時間を終わらせた。

「同じ班の仲間のお互いのよさを知ろうということで、カードをみんなに書いてもらいました。自分の気づかなかったよいところを班の仲間から教えてもらって、自分のよさをあらためて知ることができたと思います。時間が少し足りなかったので、もしまだよいところをカードに書いていない相手が班にいたら、この後は給食の時間になるけれど、書いてください」

授業の最後のあいさつが終わるか終わらないうちに、一枚もカードをもらえなかった女の子のグループが、ものすごい勢いで書き出した。

私は、子どもたちに救われたのである。

●さびしい思いをする子が出ない配慮と工夫

仲間からカードを一枚ももらえない体験は、心理的ダメージを与えることも考えられる。このようなことがないように、このあとは同じようなエクササイズを行うときには、「同じグループのなかで、男子はまず女子から、女子は男子から書く」というように指示を与えるようにしている。

［大関健道］

失敗のとらえ方

エンカウンターの失敗とは

結論を言えば、エンカウンターに失敗はない。なぜなら、エンカウンターの中には「試行錯誤」を許容する思想があるからである。さまざまな試行錯誤（体験）を通して思考・行動・感情が変容する。

出来事を失敗ととらえるのではなく、次の実践に生かすための思考錯誤であると考えることで、リーダーは成長していくのである。

失敗の受け止め方

コップの中に好きな飲み物が半分入っている。もう半分しかないと考えるタイプと、まだ半分もあると考えるタイプと二とおりある。私は五十五歳だが、人生八十年のうち、もう二十五年しかないと悲観的に考えるか、まだ二十五年も楽しめると考えるかを比べた場合、私は後者のタイプに属する。

「失敗」と受けとめるか、「試行錯誤」と受けとめるか、の問題も同じである。自分が陥りやすいパターンを自覚しておくことで、試行錯誤の幅が広がり気づきも得やすくなる。

さまざまな気づきの例を紹介しよう。

①その子が振り返り用紙に「楽しくない」と書いたことで、気にとめて長い目で見てあげられた。

②最初すごくいやだった、と言っていた子が変わる時がある。だから、振り返り用紙にネガティブな反応があったからといって、すぐに失敗だと決めつけることはない。

③リーダーは楽しさを追求しているのではない。こういうことをわからせたいと思って

やっていればいい。楽しくないけどタメになったという感想もある。

④「失敗した！」とリーダーが思えば失敗で終わったことになる。しかし、その逆もある。トリックスターにかき回されても、それをきっかけに活性化することがある。失敗と軽率に決めないほうがいい。

⑤リーダーはあわてない。あわてたのはメンバーに伝わる。すべてをフォローする姿勢で落ちついて対応することが大切だ。傷ついたと思われる子がいても、みんなでそのことを話し合う余裕をもちたい。学校では、卒業までの長いスパンで取り組むことができるからである。

⑥「子どもが失敗と受け止めたのか、リーダーが失敗と感じたのか」、厳密に考える必要がある。思いこみがあり得るからである。なんでも失敗と思いたがるタイプと、ぜんぜん失敗と受け止めないタイプがいる。個人差が大きい。

⑦エンカウンターをやっているときは、ある程度の混乱や葛藤が起こるのが前提である。むしろ起きたほうがいい。「私、つらかった」と言えたことから、その子とのやり取りができるようなったケースもある。

⑧ダメージ・抵抗が出てくるのはいけないことなのだろうか。その人のイラショナルビリーフが粉砕されて一時的に落ちこむ場合もある。ダメージが出ないようにやろうとなると、リーダーは自らの手足を縛ってしまう。グループが成長してくれれば、抵抗が予想されるエクササイズに、あえて挑戦す

こともあっていい。抵抗に対処するスキルを学んでおくことだ。しかし、スキルを学ぶワークショップに参加したことがなくて自信がない場合は、無理に挑戦することは避けたほうがよい。

⑨サードステップのリーダーなら、抵抗をシェアリングのなかで、全体で解決する。うまくいかなければ、後でフォローアップする。最初の段階で「エンカウンターには自己盲点に気づくねらいがあります。抵抗を感じても、それは新しい自分を発見したことになるから、いいことなんです」と言っておけばよい。楽しいことばかりがエンカウンターではない。

失敗を乗り越えるリーダー

もし、失敗と結論づけられるエンカウンターがあるとすれば、それはただエクササイズを流せば学級が変わると思いこみ、何の気づきも得られないような取り組みを続ける場合である。ある程度の盛り上がりを得られても、リーダーとしての成長は望めない。

どんなリーダーでも百パーセント満足できるエンカウンターを展開することはできない。ねらいや実態に合わせたエクササイズを選んで展開したつもりでも、どこか無理があったり、流れにのらなかったりするものだ。

その原因や足りなかった点を振り返ることでリーダーとしての成長がある。試行錯誤としての体験を生かしたことになるからである。

［加勇田修士］

仲のいい者が固まってしまい、ふれあいが深まらない

●エンカウンターを始める勇気がもてない

私の学級では、係の仕事が一巡する六週間ごとに班がえをしている。ある年のこと、「学級全体を考え、みんながよいと思える班づくりをするように」と班長に課題を出して、生徒の力で調整させていた。しかし二回目の班がえから班長たちが弱音を吐き出した。「いつも同じメンバーにしか分けられない。友達と同じ班になれなかった人から文句を言われるのもいやだ。くじ引きにしてほしい」ということだった。

だれと同じ班になるか、どの席に座るかは、子どもたちにとってたしかに重要なことだ。しかし、「友達と一緒になれないと給食のときもつまらないよ。孤独じゃん。それに緊張して食べられないよ」と、仲よし同士で席をつくるのが当たりまえ、と言わんばかりの激しい抗議を聞いたときには、とても悲しかった。仲間以外とはできるだけかかわらないようにと壁をつくり、要塞の中の人間関係だけを友達と感じているのだと思っ

た。だから、同じクラスにいるのに他のグループとは仲間ではないと思っている。力が強く影響力のある子の機嫌を損ねないよう気にしながら、グループの中で目立たなく、小さくなって生活している子どももいる。反対に自分の考えを伝えた結果、受け入れられなくて傷つき、友達から孤立している子どももいる。仲よしグループといっても、仲間から外されないようにいつも気をつかって、自分の考えをもたないようにしているのだ。

私は子どもたちにもっと自由な気持ちで学校生活をおくってほしいと思った。本音でつき合える、信頼関係で結ばれた友人関係をつくってほしいと強く思った。ただ、エンカウンターをするには不安が大きかった。最初につまらないと感じた子どもが多ければ、計画どおりにエクササイズが進まないばかりか、担任との関係も気まずくなってしまうのではないだろうか。あまりにも多くのグループができている現実に、どのようにエクササイズを組み立てたらよいか悩んだ。結局、「この学級では自分の能力を超えている、だからエンカウンターはできない」と決めてしまっていた。

●新しい仲間同士のふれあいが始まった

体育大会や合唱コンクールの感想文を見ると、「自分の存在が少しでも役に立ててよかった」と感じている子どもたちがいることがわかった。私の中に、エンカウンターをして自分の存在にもっともっと自信をもってもらいたい、自分のよさに気づいてほしいという願いがわいてきた。それには、失敗のイメージを私がまず取り払わなければいけない。そこで、たとえ子どもたちから批判を受けても、私の子どもたちへの思いや願いをより強く伝えられるだろうと思うエンカウンターを行うことを決心した。

始める前に、クラスの様子を見ていて感じたこと、どうしてエンカウンターを行うことにしたかという思いを伝えることにし、ジョハリの窓の話をした（ジョーとハリーが開発した、四つの窓を示して自己盲点に気づかせる理論）。

「自分のことは意外に自分が一番知らないかもしれない。自分がどんな考え方をして生きているのか、知る機会をもってみよう。人は、一人一人違うからすばらしいし、存在する価値があるのだと思う。だから、これからエンカウンターを続けていくけれども、自分はどう感じたかを大切にしてほしい」

子どもたちにとって初めてのエンカウンターでは、シェアリングに重点をおいた。互いの考えをできるだけ交流する時間をとりたいと思ったからである。

「このエクササイズ（『エンカウンターで学級が変わる　中学校編パート1』p.122）では、自分はどんな判断基準をもっているか考える機会をもとうと思う。選択するときの判断基準にはさまざまな要因があるけれど、友達と価値観を交流し、自分を知る手がかりにできたらいいと思っている」と伝えた。

ワークシートの記入を終えたあと、同じ価値判断の人と八人くらいのグループをつくらせた。丸をつけた箇所が同じ人を探すとき、いつもの仲間でまとまる子どもたちもいた。しかし、どうしてそれを選んだか発表し合う場面では、いつも一緒にいる仲間でも考え方が違うことに気づいたり、いつもの仲間でなくても自分と同じ理由で選択した人がいることに気づいたりした。自分の考えを友人と初めて共有できたことに喜びを表現する子どももいた。同じ考え方をする人がいるという安心感、互いの考えや思いを交流できたという充足感を味わえたようであった。

［坂詰悦子］

グルーピングのスキル

エンカウンターのよさの一つに、「ふだん話すことのない人と接する機会をもつ」というものがある。しかし、グルーピング（グループづくり）を子ども任せにしておいては、うまくいかないことが多い。そこで、できるだけいろいろな人と組ませるためにはどうしたらよいか、について述べる。

なぜグルーピングが必要か

まずグルーピングの意義についてふれたい。すなわち、リーダーはなぜグルーピングを行うのか、グルーピングを通して何を達成しようとしているのか、について述べたい。

エクササイズを行うときは、できるだけいろいろな人と一緒になるほうがよい。グループがしばしば変わることの利点を、私はふだんこう説明している。

①自己盲点に気づく機会が増える。「いつも同じ人とグループを組んでいては、自分自身を知ることはできないよ。いろんな人と一緒になることで、自分のことがよくわかるようになるんだよ」

②モデリングの対象が拡大する。「次々とグループが変わると、真似したいような人に出会うチャンスも増えるんだよ。『この人のような物の言い方をすればよいのだな』と思える人に出会えるよ」

③グループが変わることによって、試行錯誤のチャンスが増える。「いつも同じ人や同性とばかり組んでいては、自分の恥ずかしさを消すことはできないよ。今日は必ず異性と二人組になってみよう。そうすると、

自分を変えていくことができるようになるんだよ」

以上の理由から、子どもたちができるだけいろいろな人と組めるようにしている。

しかし、いつも違った人と組ませればいいわけではない。ときには、仲のいい者同士のほうがよい場合もある。

グループピングの視点と留意点

次に、グループピングのしかたを考える際の視点について述べたい。目のつけどころは、以下の三点である。

①どのような目的で
　そのグループで、どういう学びをねらっているか。

②どのような対象に
　子どもが対象か、大人が対象か。初めての人たちか、体験ある人たちか。

③どのようなエクササイズをするのか
　エクササイズの効果を上げるにはどのようなグループが適切か。

人間関係ができていない時のグループピング

リーダーがリーダーシップを発揮して、ゲーム感覚でグループピングをするとよい。なるべく多くの人とふれあえるように配慮する。

・出席番号や座席を利用する。

・人数合わせゲーム。リーダーが笛を吹いたり手をたたいたりした数を聞き、その人数でなるべく早く集まって座る。

・同じ誕生月、星座、血液型などの人同士で集まる。人数が偏る場合はあとで調整する。

・くじ引き。例えばあみだくじを作っておき、片方を男子、反対側を女子が引くなど。
・男子が自由に並び、前から順番に番号を言っていく。女子も同じようにする。そして、同じ番号の人同士でペアをつくる。

エクササイズを利用したグルーピング

エクササイズをうまく利用して、楽しみながらグループをつくる工夫をする。
・体を動かして場所を移動し、ふだん話すことのない人と近くになるようなウォーミングアップを事前に行う。例えば、じゃんけん列車やフルーツバスケットなど。終了後、その場で近くの人とグループをつくる。
・男女別に二人組をつくり、インタビューする。それを二つ合流させて四人組をつくる。さらに男女四人組を二つ合流させて、八人組をつくる。

人間関係ができてからのグルーピング

集団の状態がよくなってきたら、子どもたちにグルーピングを考えさせてみる。

「今日は、自分で考えて、今まであまり話したことがないと思う人と組んでみよう」

こんなふうに自分たちの力でグルーピングさせるのである。

［相良賢治］

グループを把握するスキル

グループを把握するとは、一人一人の様子をよく観察することである。なぜなら、グループを構成しているのは、「人」だからである。グループを把握する力は、個人を見る力を養っていくことでついてくると言える。

さて、グループの把握が必要な理由は二つある。一つは、エンカウンターを実施できるレディネスがクラスにあるかどうかを見るためである。二つめは、うまくのれない場合に介入したり、そのグループに適したエクササイズを検討するためである。

クラスの実態を見る

クラスの実態を見る最低限の条件は、集団の規範・集合時間等の守るべきルールがあるか、それを守ろうとしているかである。ある宿泊研修にエンカウンターのリーダーを頼まれて行ったら、約束の時間になっても人が集まらず、三々五々に来てはいなくなるでエンカウンターどころではなかったことがある。

次に、教師の指示が通る関係のあることが大事なポイントである。エンカウンターでは、リーダーの指示に従って課題を遂行することが求められるからである。教師主導や生徒主導、その折衷等、教師のリーダーシップにはいろいろあるが、「立ってください」「いすを動かしてください」「集まってください」等の簡単な指示が通らないクラスでは、まず生徒と教師の関係づくりや規範づくりが先である。

クラスの実態を測るもう一つのポイントは、集団の中の対人緊張や不安のレベルである。ある中退率の高い高校では、半年経っても、同じクラスの生徒が互いの名前さえ知らず、掃除等の係も一部の生徒しかやらず、会話や笑顔も乏しかった。そこで「インタビュー」のエクササイズをしたら、ほとんどの生徒が固まってしまったという。調べてみたら、平均的集団に神経症は五パーセントいると言われているが、この学校では対人恐怖を含む神経症レベル（簡易CMI調査）の生徒が二十パーセントを超えていた。一対一のカウンセリングのほうが適している生徒が多い場合、グループでのエクササイズは困難である。

このように、クラスの実態を把握して、エンカウンターの実施が可能か否かを判断する必要がある。学級全体の様子、学級内での個人の位置、生徒個人の心理的内面を把握する調査法として『楽しい学校生活を送るためのアンケートQ－U』（田上不二夫監修・河村茂雄著、図書文化）がある。

実施中のグループを見る

エンカウンター実施中は全体の様子と同時に、各グループの様子を見なければならない。のれているかどうかを見るのである。

「うまくのれている」時とは、やるべき課題をやれている、自分のことを話せる、わかり合えている、感情を伴った気づきがあるときである。感情交流があると、アイコンタクトが増える、表情がやわらかくなる、しっとりとした真剣な表情になる、そしてときどき笑顔も見える。

いっぽう「うまくのれていない」こともある。とまどい、緊張、不安、怒りを感じ、自分を守りたい、注目を得たい、居場所を得たいと願う。その現れ方を四つに分けてみる。

一つめは、リーダーの中のイライラや怒りの感情を引き出しやすい行動。例えば、「なんでこんなことをするのですか」と強く主張する、「わかりません」を繰り返すなどである。不快な表情、無言、腕組み、視線を合わせない、自分から動かない等で示される。

二つめは、保護しなければという気持ちを引き出すような行動。例えば、一人だけ参加しようとしない、恥ずかしがる、照れる、とまどう等である。

三つめは、リーダーがちょっと注意したくなるような行動。例えば、しゃべりすぎる、声が大きい、はしゃぎすぎる等である。悪ふざけ、からかい等、人を傷つける場合は即介入が必要だ。

四つめは、「笑い」をとって注目を得ようとする行動。例えば、ひょうきん、ふざけ、冗談等である。息抜きにもなるが、「遊び」の雰囲気に流れることがある。

シェアリングが不十分なときに

次のような場合は、グループに自由に語る安心感がまだないことを示している。

例えば、発言が「いまここで」のことではなく、過去のことや評論的な場合である。自分の気持ちではなく、「ユーメッセージ」や相手への非難・批評になっていて、相手への共感がない。人の話題をとったり、横道にそらしたりする。また、肯定的な感情だけが話される場合も同じである。

［仲村將義］

5 シェアリング

シェアリングでは何をすればいいのか

●自分の気持ちを見つめる習慣がない

シェアリングはむずかしい。何度やってもむずかしい。リーダーとしてシェアリングをリードするときも、また自分が参加者として体験しているときも、むずかしいと感じることしばしばである。シェアリングではなく、おしゃべりになってしまうこともあるし、本音で話しているつもりでも、しっくりこないときもある。自分で語った言葉が本音であると思っても、まだ語りきれていない思いは残る。たくさんの思いの中から、自分にぴったりの言葉を探すのは苦しいものだ。

また、「感じていること」を突如聞かれて困ることもある。なぜなら、私たちは、自分の気持ちを見つめないで生きていることのほうが多いからだ。大人になればなるほどその傾向が強くなる。中高生になれば、思春期であることも加味されて、自分の気持ちを語ること自体に抵抗をもつ。他者の目を意識して、言動を控えようとする傾向が現れるのだ。また、語ったことをうまく受け止めてもらえなかった体験から、「言わないほうが得だ」などと学習している場合もある。かえって低学年の子どもたちのほうが、正直に自分の思いを語ることができるくらいだ。

多くの人は、自分の気持ちを感じたり、見つめたり、その思いをそのまま語るなどという習慣がない。だからこそシェアリングには意味があるのだ。

●シェアリングの目的と意味

さて、シェアリングとは「わかち合い」という意味である。その目的は「認知の修正と拡大」にあると國分康孝は言う。

「認知の修正」とは、他者が語るのを聞きながら、自分の感じ方や考え方、行動のしかたが偏りすぎていないかなどを確認することである。例えば、共同絵画のときに、「どうにも絵が描けずに不自由な自分だったけど、意外とほかの人は楽しめていたようだ。自分は絵が下手だということにこだわりすぎていたのかもしれない」といった具合である。これはかつての私の気づきだった。ここから、自分の中のイラショナルビリーフ（偏った考え方）に気づいたり、ＦＣ（自由に子ども心を出せること）が足りないことに気づいたりしていった。

いっぽう「そんな見方があったのか」といった気づきが「認知の拡大」である。例えばトラストウォークでは、「他者に身を任せられた自分がうれしいだけでなく、任せられた人もうれしいものなのか」と、そんなふうに気づけるわけである。

ところで、シェアリングでは「気づいたこと、感じたことを語り合ってください」とリーダーが指示する。シェアリングですることは、エクササイズを通して自分が気づいたこと、感じたことを語ることである。では、語ることにどんな意味があるのか。それは、語ることによって自分の感じていたことがはっきりしてくることである。人は、思いを胸に秘めているだけでは、自分が見えなくなってくる。言葉として外に出すことで、はじめて自分が見えてくるのである。語りながら自分が見えてくるし、語りながら同時に自分を受け入れていく。だからこそ、シェアリングではどんな言葉も大切にするのだ。

●シェアリングでの語り方

シェアリングでは「感情表現」「アイメッセージ」を大切にする。例えば、「あなたは人を責めるような言い方をやめたほうがいい」と言わずに、「あなたが弱いからいけないと言われて、私はつらかった」と語るのである。エンカウンターは自分で自分の問題を発見して、自分で変えていくことを前提としている。國分康孝の言葉でいえば、「自分の頭の蠅は自分で追え」である。だから、他者の言動に対してあしろこうしろではなく、自分はどう感じているのか、自分はどうしたいのか、を語るのである。この「自分は」というところが、人生の主人公は自分であることを体現しているのだと思っている。

また、語るポイントは「共通体験の中で、いまここで感じたこと、気づいたこと」である。エクササイズは共通体験である。その中で感じたことや、気づいたことが語られるから、グループで共有し合えるのだと思う。

●シェアリングですることとそのポイント

以上をまとめれば、シェアリングですることは、「エクササイズという共通の体験を通して、いまここで気づいたり感じたりした、自分のことや、友人のことを、アイメッセージで語り合う」ということになる。非難や批判のない雰囲気の中で語ることによって、自己理解や他者理解が促進されるのは言うまでもない。むずかしいシェアリングを「ためになる」ものにするのが、リーダーの役割である。

［吉田隆江］

シェアリングの時間がうまくとれない

●慢心が悲劇につながる

学級活動の時間に「ほめほめ大会」(ほめあげ大会)のエクササイズを行った。まずはウオーミングアップ。反応はよい。盛り上がっている。よしよし。いい感じ。子どもたちはのっているし、時間も余裕があるのだから、もう少しだけ続けよう。

次はメインのエクササイズ。カードの書き方、留意点を子どもたちは静かに聞いている。思いつかない子のために、「よさを表す言葉」も掲示した。準備は完璧である。グループの四人に一つずつよいところを書くのだから、十分間あれば書けるだろう。

私は、ここでウオーミングアップで足の出た五分間を取り戻そうと考えていた。

子どもたちはカードに向かい、教室は静かになった。いいぞ、この調子、この調子。

●シェアリングの時間がなくなる!

悲劇はすぐに訪れた。子どもたちは、友達のよいところが書けないのである。

「○○さんの得意なことは何かな」「遊んでいるときのことを思い出してみようよ」
私の必死の声かけにも鉛筆は動かない。声をかけられればかけられるほど、子どもの表情はくもっていく。私はあせった。このままではシェアリングの時間がなくなる！「もう少し、考えてごらん」。私は、そんな無責任で残酷な言葉を残して次の席に行く。そして、また次の席で同じことをくり返す。

気がついて時計を見ると、何と十分以上時間オーバー。ここでエクササイズをやめれば、少しだがシェアリングの時間がとれる。私は迷った。子どもたちのカードを見ると、目立たないおとなしい子や、乱暴ですぐに暴力をふるってしまう子へのコメントが少なかった。反対に勉強や運動がよくできて、明るくて、目立つ子についてはすぐにうまった。「書ききれない！」と悲鳴を上げる子もいた。

私は、この落差に愕然とした。そして、日ごろの学級経営を素直に反省した。一人一人の子どものよさを、私は学級の子どもたちに伝えてこなかったのではないか。そうだ。私自身、書けない子に具体的にアドバイスができなかったではないか。考えてみれば、おとなしい子や乱暴な子にこそカードを渡す意味がある。自己肯定感を高める必要がある。少ししか書いていないカードをもらえば逆効果になるだろう。

私は、全員が書けるまで待つことにした。時間は大幅にオーバーしたが、全員が友達のよさを書くことができた。書いた子ももらった子も、とても満足そうだった。目立たないおとなしい子や乱暴で友達から非難されやすい子が、とくに喜んでくれた。

まもなく休み時間を告げるチャイムが鳴った。私はまた迷った。このままシェアリングを行おうか、それとも省略しようか……。

子どもたちにとって終業のチャイムは絶対である。いくら行儀よくいすに座っていても心は上の空だろう。このまま続けても心と心のふれあいは期待できない。むしろ、子どもたちの本音（遊びたい）を抑圧することになる。本音で語るエンカウンターで、本音を言えないということになってしまう。私は、エンカウンターを打ち切った。

●シェアリングを省略しない

休み時間になって、私は自分なりに一時間の授業を振り返った。どうして時間が足りなくなったのか。子どもたちはなぜ書けなかったのか。原因を考えているうちに、時間管理の甘さや、子どもの実態のとらえ方のいい加減さにあらためて気づかされた。

また、エンカウンターを打ち切ったものの、シェアリングをどうするか、私はまだ迷っていた。子どもたちはみんな満足そうだった。それでいいではないか。いや、自分の感情や気づきを意識したり、友達の感情や気づきを知ることも大切なことだ。でも、時間がない。帰りの会なら少し時間がとれそうだ。しかし、この気持ちの高まりを帰りの会まで持続できるだろうか。気づきを覚えていられるだろうか……。

考えぬいた結果、私は次の授業の始めにシェアリングの時間をとることにした。振り返りカードを書かせ、数人に感想を発表させた。さらに振り返りカードに書かれた感想を、本人たちの了解をとって翌日の学級通信に掲載した。

翌日、学級通信が配られると、子どもたちは友達の感想をむさぼるように読んでいた。その様子を見て、シェアリングを省略しないでよかったと心から思った。

エンカウンターをしていると、ついついシェアリングを省略したい誘惑におそわれる。無理にやらなくても、子どもたちは「とても満足そう」に見える。しかし、シェアリングをしなければ、自分の気持ちに気づいたり互いに気持ちを分かち合ったりすることはできない。シェアリングがエンカウンターの柱と言われる所以である。

［佐藤克彦］

シェアリングのパターン

シェアリングは、本来たっぷりの時間をかけてそのときの気持ちを語り、分かち合うものである。しかし、学校では十分な時間がとれないと悩む実践者が多い。そこで、短時間で行うシェアリングの工夫を説明する。

ショートのシェアリングで練習

初めは、ショートのエクササイズをするごとに、三十秒から一分ほどの短いシェアリングを行うと時間が取りやすい。この方法だと、参加者もシェアリングがしやすいのである。

自己開示の方法を徐々に身につけることができて、のちのちシェアリングを短時間化するのにも役立つ。例えば、次のように行う。

「バースデーライン」をしたあと、隣り合った二人組で、いまここでの気持ちを三十秒間分かち合う。次に「二人組アウチ」をして、三十秒の分かち合いを行う。さらに「二人組ジャンケン手の甲たたき」をして、三十秒間分かち合いを行う。

こうしたショートのシェアリングを繰り返し体験させることによって、参加者はスムーズにシェアリングできるようになっていく。これは、全体シェアリングで話しやすくする効果もある。

二～三エクササイズをまとめて

参加者がエクササイズの展開に慣れてきたら、各ショートエクササイズごとに実施していたシェアリングを、二～三のエクササイズ実施後にまとめて行うようにする。こうすると、シェアリングの時間がさらに取りやすい。

前述と同様の例で述べると次のようになる。

「バースデーライン」「二人組アウチ」「ジャンケン手の甲たたき」を実施し、それまでのエクササイズを通して「感じたこと、気づいたこと」を二〜三分間分かち合う。各エクササイズの中で、自分が最も感じたこと、気づいたことを話してもらうようにする。

全体シェアリングを省く

さらにエクササイズ後のシェアリングを短時間ですませるには、全体シェアリングを省く方法がある。まず数人グループで五分程度のシェアリングをする。それから、リーダーが指名するなどして、一つ二つの意見を取り上げ、全員に紹介するのである。

例えば、八人組で「月からの脱出」を実施したあと、シェアリングに五分しかとれなかったとする。この場合、まず四分間をグループでシェアリングする。次にリーダーが、その中で出てきた意見からいくつかを取り上げ、参加者の気持ちをしっかり受け止めた形で紹介するのである。

振り返り用紙を用いたシェアリング

振り返り用紙を用いても、時間を短縮したシェアリングが可能となる。振り返り用紙は、できるだけ具体的に自由記述できるよう工夫しておく。

例えば、『エンカウンターで学級が変わるパート2　小学校編』の「一本の木」の振り返り用紙のように作成することである。これは、エクササイズをして楽しかったか、楽しくなかったかから質問がスタートしている。次に、楽しかった理由、楽しくなかった理由を自由記述する。さらに、自分のした役割や友達のした役割について振り返り、最後はクラス全体を振り返って自由記述できるようになっている。

こうした振り返り用紙を作成しておくと、参加者はスムーズにエクササイズを振り返ることができる。このとき注意しておくことは、ネガティブな感想も記入できるような部分をつくっておくことである。「一本の木」では、その他の自由記述欄をもうけてあるのがこの部分である。

調査法の用紙を用いたシェアリング

同様に用紙を用いて短時間に実施できるのが、四件法や五件法よる調査用紙を用いたシェアリングである。これは、エクササイズのねらいや気づきをあらかじめ問いとして設定しておき、自分がどこに当てはまるかをチェックしてもらう方式のものである。

例えば、『エンカウンターで学級が変わるパート2 小学校編』の「言葉のおくりもの」の振り返り用紙である。ここでは、友達のよいところを見つけることができたか、あたたかな気持ちで言ってあげることができたか等をたずねている。そして、①ぜんぜんできなかった、②すこしできなかった、③どちらとも言えない、④すこしできた、⑤たいへんよくできた、の中から選んで丸をつけるようになっている。この用紙でも、ネガティブな表現ができるように、数行の自由記述を書き込めるようにしてある。

これらの用紙を用いたシェアリングでは、振り返りの内容や自由記述を、学級通信や帰りの会で紹介するようにする。内容は、感情を的確に表現したもの、ねらいの達成を記したもの、ネガティブな表現をしたものを取り上げるようにする。こうすることで、一人の気づきを全体で分かち合うことができるわけである。

また、調査法の用紙では結果を集計して、全体の傾向や自分との違いを分かち合いできるようにする。

アンケート方式のシェアリング

時間がほんの数分しかとれなくなってしまったときの方法が、アンケート方式のシェアリングである。これは、リーダーが参加者に挙手させてシェアリングをするものである。

例えば「新聞紙の使い道」で、残り時間が三分しか取れなくなったときに、次のようにする。「新聞紙の使い道をやって楽しかった人は、挙手してください。はい、○○人ですね。始めたときといまでは、いまのほうがグループの人との親しさが増したと思う人、挙手してください。はい、○○人ですね」といった具合である。

この方式では、エクササイズの中で起こっているであろう感情や気づきをリーダーが代弁しながら、アンケートをとる形で全体に分かち合っている。代弁する項目をあらかじめよく絞り込んでおくことが必要である。

〔岡田　弘〕

シェアリングで意見が出ない

●エクササイズは盛り上がったのだが

授業の中に積極的に話し合い活動を取り入れたいと思っていた私は、六年生としては話し合いが苦手なクラスを何とかしたいと考えていた。一学期も後半に入ったある日、「無人島ＳＯＳ」をすることにした。ほとんど発表しない女子にグループ内で自分の意見を言う体験や、話の聞けない男子に友達の考えを聞く体験を通して、互いを認め合える人間関係を築くためである。

ねらいやルールを説明し、さっそく始めてみると、思っていたより食いつきがよく、グループごとに楽しく話し合いが進んでいく。「私は、水が必要だと思う」「ウィスキーは、燃料にもなるし、空き瓶は中に手紙を入れて助けを呼べるよ」。それぞれのグループで、なかなか盛り上がっている様子。こんなことは今までなかった。いいぞ、この調子だ。私はうれしくなり、ついつい時間を延ばしてしまった。気がつくとチャイムが鳴るまで、あと五分しかない。私はあわてて、「これからシェアリングをします。この体験を通して、気づいたこと、感じたことを発表してください」と子どもたちに投げかけた。全体シェアリングである。

ところが、どうしたんだろう。さっきまであんなに盛り上がっていたのにだれも手を上げない。そうか、何をどのように言ったらいいかわからないんだな。「自分と違う考えの人がいるので驚いた」とか、「○○君に言われた事がうれしかった」とか、今この場で感じていることを素直に話してほしいとつけ足した。時間がなくなり、私はいらいらしてきた。もう待てない、だれか指名しよう。いつもしっかり発表できる女子を指名した。彼女は、私の期待に応えて「いろいろな考えの人がいて楽しかったです」と言ってくれた。ありがとう、さすが○○さん、なかなかいいこと言うな。しかし、せっかくの発表を聞いていない子どもたちがいる。注意したが、どうも落ち着かない。

●時間がないのに強引にやろうとして失敗

廊下では、隣のクラスの子どもたちが外に出るらしく、ざわざわし始めた。そうだ、二十分休みに男子はサッカーをしたいと言っていたっけ。「先生、もうチャイムなりました」という声にはっとして、子どもたちの気持ちを無視している自分にやっと気がついた。「今日の日記に、感想を書いといてね」とだけ言って、すぐに終わりにした。

子どもたちは、われ先に教室を飛び出していった。子どもたちにとって貴重な二十分休みを奪うところであった。その日の日記には、「いつも言えないけど今日はグループの中で発表できてうれしかった」「みんなが私の意見をよく聞いてくれた」「人それぞれ考えが違うんだなあ」「○○君の考えに感心した」など、話し合いの中で気づいたことをほとんど全員が書いてきてくれた。シェアリングの時間もとらずに、子どもたちの気持ちや状況を無視して、強引にやろうとしていた自分が恥ずかしかった。

●シェアリングの積み重ねで育ったもの

次の時から、エクササイズにかかるのと同じくらいの時間をシェアリングのためにとるように心がけた。また、どうしても時間がないときには、ねらいにそった質問を全体に投げかけて手を上げさせた。「いろいろな考えに気づいた人」「前より仲よくなれた人」「グループで自分の意見を言えた人」というように。振り返り用紙を準備できたときには、まず書いて心の準備をしてから発表するようにした。高学年の場合、書くことにあまり抵抗がないので、このほうがスムーズにいった。また、日記に書くこともシェアリングの一つと考えるようにした。日記の中のいくつかを次の日に、みんなに紹介したり、コメントを書いて認めることを繰り返していくうちに、どんなことに気づいたらいいのか、どう表現したらいいのかがわかってきたように思う。シェアリングも数をこなすとうまくできるようになるものだと思った。

クラスに二人ほど、友達の発言に口をはさんだり冷やかしたりするような男子がいた。そのために授業中も女子の発言が少なくなりがちだった。ところが、シェアリングの時の約束「友達の発言には口をはさまず最後まで聞く」「発言したことの内容は、あとで言いふらしたりからかったりしない」「話し手の方を見てうなずきながら聞く」などが浸透していくにつれて、他の授業でも発言する子どもが増えてきた。今まで、笑われたり冷やかされたりすることを恐れて何も言えなかった女子も、自分の意見を出せるようになってきた。これこそシェアリングの効果だ。子どもたちは、自分が感じたこと、気づいたことを自己表現してみることの大切さや、友達と分かち合うことで互いに成長することを感じ始めたのである。

［岡庭美恵子］

シェアリングがただのおしゃべりになっている

●エクササイズと違うことを話している

「三分時間をとりますのでシェアリングを始めてください」。そう言って各グループの周りを歩いていると、エクササイズの内容とは違う話が聞こえてくることがある。

こんなとき私は、「リーダーを無視している」と腹を立てずに、そのグループに入って「うんうん」と話を聞くことがある。おしゃべりの時間ではないのだが、なぜそんな話をするのかよく聞いてみるのである。違っていると指摘するのもいいかも知れないが、私はグループの力に任せて様子をみることが多い。シェアリングを理解している学生がいると、「この話じゃなくて授業の話をしよう」と、脱線を指摘する場合もある。しかし、グループのだれも理解していない場合、脱線のままどこまでも話が弾んでしまう。大学生でもシェアリングはうまくいかないときがあるのだ。

●おしゃべりはいけないこと?

楽しい話が弾むのは、グループがそれだけ話し合いやすいものに成長しているということだ。何回か後には感情が語られ、シェアリングに深まりがみられるようになるだろう。じっくり様子をみてもいいのではないだろうか。

しかし、シェアリングのやり方がわからからずに何となくおしゃべりをしている場合には、説明が必要だ。アイメッセージのデモンストレーションが効果的である。

また、「かったるいから話したくない」と言って机に伏せている学生には、そっと声をかけたほうがいい。何かリーダーに気づいてほしいメッセージなのかもしれない。防衛的に反応する場合があるので、「どうしたの？　疲れているのかな」「今日は眠たいの？」と、行動について聞くほうがよい。無理に起こすのは、危険かもしれない。

●抵抗があるから

何回かシェアリングを経験しても関係ないおしゃべりをしているようであれば、そのグループに教師が入ってみるといい。教師が参加すると、学生たちはちょっととまどいをみせる。でも、「やってられないよ」とか「話すことなんかないよね」と、すぐに話しかけてくる。これを「そういう気持ちが素直な感じでとてもいいよ」と受け入れると、グループのなかの抵抗が少し緩む。自分の気持ちを語るには、少し時間がいるのかもしれない。以前に、「何話してもいいじゃん」と詰め寄られたことがあった。そのときは「これは授業で遊びではないんだよ」と、リーダの考えをはっきりさせた。リーダーとしての役割を遂行したのである。やはりシェアリングにも枠は必要であると感じる。

●隣のグループと話している

いつの間にか違うグループの人と話していたり、二つのグループが意見交換していることがある。ときにはグループ同士で口論になったりして、リーダーも驚くのである。やはり交通整理は重要である。「あなたはどこのグループだったの?」「他のグループに言いたいことがあるなら、全体で話してみようね」と、グループを分ける必要がある。リーダーとしての権限をもって対処しないと、その後にも影響がでてくる。いまはだれと何をするときなのか、はっきり示すことは必要である。

●エクササイズの続きと勘違い

シェアリングがどんなものか理解していても、なぜかエクササイズの続きをやっているグループもある。共同絵画、コラージュ、新聞タワーなど、作業を伴うエクササイズだと、よけいそうなりやすいようだ。うまくできなかったところをシェアリング中に完成させようとするのである。未完の行為を残したくないグループなのであろう。

この場合は、とにかく作業を中止させて、作品のでき映えや未完の部分についての感想を話し合う時間を数分設ける。その後でシェアリングの時間に入れば、エクササイズを通して、自分がどんなことを感じたのかを語り合う場になるだろう。

●リーダーがイライラしてしまうときは

シェアリングは「どんな話にも意味がある」と考えて、耳を最大限に活用して聞いてみるといい。実は私も最近イライラしたことがあった。グループの一人が時間を独占したのである。見ていると、その人しか話していなかった。こんなときは抑えずに、介入してみるのもよいのではないか。リーダーのイライラも大切な気づきである。シェアリングでは、常にアンテナをはって観察する気持ちが重要である。

［鈴木由美］

シェアリングの練習を

子どもに「本音を語れ」と言っても、なかなかできることではない。大人でもむずかしいのに、小学生が自分の感情を言葉で言い表すには、それなりの学習が必要となる。ここでは、段階を追って子どもたちにシェアリングのトレーニングをする方法を述べる。

何でも言える雰囲気を

シェアリングは、「今ここで感じたこと」を語ることである。したがって、なんの批判や批評も受けずに語る自由が保障されている。周りの者は、それを真摯に受け止める。そのルールがあることを、全員に確認しておくことが大切である。

子どもたちには、例えばこのように話してみる。「一人一人が一生懸命感じたことを話すので、どんな意見でも最後まで、きちんと聞きましょう。自分と同じ気持ちを話す人や、ぜんぜん違う気持ちを話す人がいるかもしれません。考えがよくまとまらないまま話す人もいるかもしれません。でも、最後まで聞いて、この人はこんなふうに考えたんだ、と心の中で思うようにしてみてください」。

どの気持ちに近い？

シェアリングの一つの方法に、「四つの窓」がある。まず、エクササイズの大まかな感想を求め、代表的な意見を四つにまとめる。それを画用紙などに書いて、教室の前後左右の壁に貼る。そして、このように教示する。「この四つのうち、どの気持ちに一番近いか考えがまとまったら、そこに移動しましょう」

それぞれに集まったメンバーは、似たような気持ちになった者同士である。なぜここに集まったか、そのわけを話すことから始める。話しやすいように三～四人位の小グループに分けてもよい。互いの発表を聞きながら、「こんなふうに話せばいいんだ」と子どもたちが安心できれば、第一段階は合格である。

マンツーマンでシェアリング

大勢よりも少人数のほうが話しやすい。一対一で話し合う二つの方法を紹介する。

一つは、すれ違いじゃんけんシェアリングである。自由に歩いて、すれ違った人とペアをつくり、握手と挨拶をする。そしてじゃんけんで勝ったほうからエクササイズの感想を述べる。「私は、今日○○をやりました。そこで思ったことは○○です」と、話し方のパターンを示しておくとよい。お互いが感想を述べ合ったら、また自由に歩き、五人以上とペアをつくる。相手の感想を聞いて、自分の感想を変えてもよい。五回感想を話すうちに、新たな気づきが生まれてくる。

もう一つは、二人組のペアをつくり、感想をインタビューし合う方法である。これもまたじゃんけんで聞き手と受け手を決め、二分たったら役割を交替する。一番強く感じたのはどの場面かなどと、具体的に聞いていくことととする。お互いのインタビューが終わった後、今度はペアを二つずつ合わせて四人組をつくる（A君・B君ペアとCさんDさんペア）。A君はB君から聞いた感想を他の二人に話し、B君はA君の感想を説明する。同様にCさん

Dさんが互いの感想を紹介する。自分の話したことが、どのように伝わっているか、相手が再び話すことで、確認できるのである。

要するに少人数で話せる場面をつくり、他の人の感想も参考にしながら慣れていくことが大切なのである。

気持ちを語る

まずは教師自身が自分の気持ちを語るように心がける。「今日は久しぶりに燃えたね。うれしかったよ」と、自分の感情を開いていく。感情を表すモデルを示すのである。

次に、子どもが自分の気持ちを語る場面を見逃さないことである。感情を表すことができたら、「君はそう感じたんだ」と念を押して、感情を表すことを肯定するのである。

ワークシートに感想を書かせる場合、例えば気持ちを表せている場面があれば、波線を書いて、「気持ちを話してくれてありがとう」というメッセージを返していく。また、その時の気持ちを具体的に聞くこともできる。

なかなか気持ちを表現できない子には、「こうしたかったんじゃないの？」などと、感情を察する言葉で返していく。違っていれば、子どもは否定し、本来の気持ちを語りやすくなる。どうしても話せない子には「あなたの気持ちにぴったりな言葉は、まだ見つからないのかもしれないね」などと返していく。

そうして繰り返すことで対話が生まれ、気持ちを語る技術が子どもなりに育ってくるのである。（「エンカウンターで学級が変わる　小学校編パート3」P.46参照）

［朝日朋子］

メンバーの意見に何とコメントしたらよいのかわからない

●「問題発言」にどう対応したらよいかわからない

シェアリングではどんな意見が飛び出すかわからない。思わぬ本音が出て、どう対応していいか困ることがある。本音を出させたにもかかわらず、特に否定的・反社会的な発言を受け止められずに、つい「そんなことを言ってはいけない」などと指導してしまうこともある。さらには、一対一なら余裕を持って対応できるが、教室で他の子どもたちが見ている前では、それはダメだと言わずにはおれない場合がある。

カウンセリングやエンカウンターを学ぶ以前、教師哲学が定まらないころに、私がよく悩んで苦労した問題である。今では次のように考えて対処している。

●技法の統合

カウンセリングには積極的（能動的）な技法と受動的な技法がある。子どもに「ああせよ、こうせよ」と指示したり、実存的な対決も含む積極的な面（父性原理）が、能動的な技法である。いっぽう、まず子どもの本音を受け止めようとかかわる受身的な面（母性原理）を、受動的な技法という。超自我的な存在としての父親的役割と、やさしく包み込む母親的な役割の、どちらか一方に偏らずに両者が統合されていることが大切である。

一般的な指導原理として、積極的な技法（生徒指導）も受身的な技法（傾聴）も子どもの行動変容を起こすのに有効である。にもかかわらず、生徒指導とカウンセリングを対立概念として考える教師はまだ多い。厳しさだけで恐怖感を与えてしまうタイプの教師も、やさしさだけでなめられてしまう教師も、本音の交流によって子どもたちとの信頼関係を深められないだろう。怖い教師の前では、表面的な秩序は保たれていても子どもの心は殺風景である。やさしさだけの教師では、騒がしい雰囲気の中で尊敬の念を抱くことができず、わがままを出すことはあっても本音を出す気にはならない。ときにはやさしくときにはきびしい対応のしかたが自然なのである。

●ユーメッセージよりもアイメッセージで

シェアリングの場面で、否定的・非行的な発言をしている子どもがいるときには、毅然とした態度でのぞみたい。「ふざけた態度はやめなさい！」とユーメッセージで叱るより、「真剣な話し合いができないのはとても悲しい。そういう発言をする君の気持ちをもっと話してくれないか」とアイメッセージで迫るのである。いっぽう、「僕も万引きをしたいときがあった」と自己開示的な雰囲気で話してくれたときには、「先生も小学生のころ本を盗ったことがあり、それを本屋にこっそり返すまではよく眠れなかった」など、リーダーも自己開示的に対応して、本音の交流を深めるチャンスにしたい。

エンカウンターは日常の中の非日常の世界である。この場では何でも話していい、と約束して確認した文化的な孤島である。もし、「エンカウンターは本音を出させて生徒管理に利用する」ことがまかり通れば、百害あって一利無しである。ダブルバインド（相反する二重メッセージ）で育てられた子どもたちは、本音を言ったら損をすると学習することになるだろう。エンカウンターの場では、どんな本音でも受け止められ、非難・批判されない原則を確認したい。

学級担任として、その子と一対一の対応でなら受け止められるが、ほかの子どもたちの前で「ノー」と言わずにいられない場合でも、この原則を貫いてほしい。なぜなら、服装検査での厳しい姿勢と、髪の毛を染める子どもの気持ちを理解したい感情の間で、担任が揺れ動き悩んでいることを、子どもたちも知っているからである。
厳しい現実原則(社会)の中で生きていても、快楽原則（本音）を大切にする生き方をモデルとして示すことができれば、子どもたちも安心して本音で語り合うことができるだろう。父性原理と母性原理のバランスがとれた、「育てるカウンセリングの基本原理」が身についていれば、どんな発言が飛び出しても驚かないですむ。

●テンポよく答えるには

メンバーにテンポよく上手にコメントしようとする気持ちの中に、「教訓めいた、気の利いたことを言わなければ」というビリーフがある。すぐにパッと答える必要はない。「そう楽しかったのね」と発言を繰り返したり、言い換えるところから始まるのである。「同じように感じた人いる?」「ああ、いるね」と言いながらだんだん思いついてくる。「どういうふうに感じた?」とメンバーに言わせながら、自分自身が思いつくのを待つ。すべて自分ひとりで答える必要はない。メンバーの力を活用してもいいのである。よい介入とは、メンバーの力を引き出し、集団の力で問題が深まり、解決できるという実感が持てることなのである。

［加勇田修士］

カウンセリングの技法

シェアリングの時の発言を、どのように受け止めたり、返したらよいのかわからなくなることがある。例えば、「○○君のことはやっぱり好きになれない」とか、「私のだめさ加減がよくわかった」というように内容がネガティブな場合である。

このようなことは、シェアリングについての指示の誤りの場合もあるが、実際に発言があったらどうするかを知っていなければリーダーとして対応できない。

「そんなことを言ってはいけません」というように禁止・制約をしたり、教示したりすると、発言は少なくなってしまう。シェアリングでは自由に発言できる雰囲気をつくる必要がある。

ここではカウンセリングの態度と技法を心得ていくことでリーダーがスキルアップし、実際に対応する力を伸ばせるようにする。

カウンセリングの態度

カウンセリングでは理解的態度と支持的態度が土台になる。これは、エンカウンターのリーダーにとっても同じである。

理解的態度とは、「その人にとってはそうなのだ」とするとらえかたである。同じ状況にあっても、人はそれぞれ価値観・感覚・性格などが違うから、どう見えるか、どう聞こえるか、どう感じるかということは違ってくる。だから、「その人はそうなのだ」というようにとらえないと理解できない。

支持的態度とは、その人がそうであることを承認したり、支援したりする態度である。

承認とは「それでいいのです」と許可することではなく、「その気持ちはわかります」と賛同することである。また、支援とは「私がしてあげましょう」という手助けではなく、「そうしたくなるでしょうね」とエールを送ることである。エンカウンターの参加者が否定的な自己評価をしたり、他人や状況を受け止めきれない場合は、行動変容の気づきにつながるような支援が必要になる。

次に評価的態度と解釈的態度についてふれる。カウンセリング場面では必要に応じてとられる態度だが、エンカウンターのリーダーとしては禁物である。評価的態度とは、自分の意見を基準にして他者に対して評価的になることで、解釈的態度とは、ある理論からの推論を述べることである。理解的態度と支持的態度を参加者を中心にした態度だとすれば、評価的態度と解釈的態度はリーダー中心の態度だということができる。

エンカウンターは、ふれあいと自他理解によって参加者の気づきをうながすわけだから、リーダーは理解的態度と支持的態度である必要がある。

カウンセリングの技法

態度は技法によって具体化されるので、事例にそって、いくつかの技法を紹介する。

「こんなくさいことやってられないと思った」と言う参加者がいたとしよう。

「彼はこのエクササイズを、のれないなあと思いながらやっていたのか」と、ありのままを受け止めることを受容という。適度にうなずきながら、「そうだったのか」と言うことで受容を表現する。

さらに、「くさいことやらされて嫌だったんだね」と気持ちを汲んでいくことをフィードバックという。参加者には自分がわかってもらえていることがはっきりする。

次に「もうエクササイズはしたくないってことかな」と本心を聞くのが明確化である。

それに対して「そうです」と参加者が答えれば、「率直に言ってもらえてよかったと思っているよ」とかかわるのが支持である。肯定的・否定的にかかわらず、参加者が感情を表明した場合や、気づきがあった場合に支持するのである。「アイメッセージ」で表現すると効果的である。

「そのことについて、もう少し聞かせてくれないか」と、発言をうながすのがオープンエンドクエスチョンである。参加者はリーダーから関心をもたれていることがわかり、また、自分の言葉で話せる場をつくってもらえたことになる。

さて、冒頭の「○○君が好きになれない」というような場合は、○○君の人格が否定されてしまうという誤解が生じるので、「○○君の言い方が好きになれない」という言い方をアドバイスする。

リーダーとしての訓練

カウンセリングの態度と技法を身につけるには、少なくも傾聴と「アイメッセージ」の訓練が必要なので、機会を見つけて練習していただきたい。

［髙野利雄］

いくつかのエクササイズを行っていくうちに，初対面同士の緊張した表情が徐々にゆるみ，話し声や笑い声が聞こえてくる。やがて，もとの席に戻った参加者に対してリーダーが指示した。「それでは今から，自由に話をしてください。テーマは，職場で体験したことで仲間に聞いてもらいたいこと，職場で体験したことで仲間の助言が欲しいことです。では，どうぞ。」

一人が語り始めると，それに対してさまざまな観点からの意見や体験談が寄せられ，話題を提供した人が満足した表情を見せる。それが次々と繰り返されていった。１時間あまりのセッ

教師のサポートグループ

ションは，多くの参加者にとって，あっという間のことに感じられたようだ。「教師のサポートグループ」での１コマである。

エンカウンターの体験が必要なのは子どもばかりではなく，教師も同様である。受容されている実感の中で互いの心をふれ合あせ，感情・思考・行動のシェアリングを通して自己を見つめ直すことで，問題解決の糸口と明日への活力を手に入れている。同じような悩みを抱えている教師が他にもいると実感できることは，大きな励みとなる。

「教師のサポートグループ」におけるもう一つのねらいは，他の参加者の聞き方，話し方にふれることである。自分が直接話題を提供したり応答したりしなくても，参加的観察者として，他者の自己開示のしかた，支持的な聞き方，援助のしかた，介入のしかたにふれ，そこから学ぶものは少なくない。多くの方々が実際に体験されることを期待している。［石﨑一記］

6

事後のできごと

教師自身の振り返りと自己評価

●初めはうまくできない

私がエンカウンターに出会ったのは、もう二十年ほど前のことになる。実際に体験して、自分自身のとらわれに気づいた。それによって、私の生き方はずいぶん楽になったのである。だから、こんな体験を高校生にもしてほしいと思っていた。勤務校で「ふれあい合宿」と称した宿泊型のワークショップを企画した片野智治の提案に賛成したのも、自分の体験があったからである。

さて、リーダーをしはじめたころの私は、ドキドキしてしまって、インストラクションも冗長だった。エクササイズの目的やねらいも、まだ自分のものにはなっていなかった。だから、どうしても説明が長くなってしまうのだ。やり方も簡潔には伝えられない。生徒が不満そうな顔をすれば、心配になって、また余計に説明してしまう。抵抗の処理などうまくいくはずがない。きっと、どこか強引にすすめていたところがあっただろう。

「生徒とエンカウンターする」余裕が、私自身になかったのが本当のところである。合宿は希望生徒の参加だったから、クラスでするのとは違って、モチベーションが高くて救われていただけだったと思い返したりする。

●心の動きを素直に見つめたい

合宿の夜は、引率教員でシェアリングが行なわれた。それぞれの担当について、自分で感じたことや考えたこと、他の人のを見て、感じたことや気づいたことを語り合う、というわけである。私の今の自己評価の観点は、このころの体験がベースになっている。

ポイントは「自分の心の動きを忠実に見返す」ことである。例えば「周りで見ている先生を気にしていて、うまくやろうと思っていたな」「自己主張のエクササイズのデモンストレーションは、自分でお願いしきれず、引いてしまったな」「生徒が嫌そうな顔をすると、すごく心配になってしまったな」などと、自分の心の中に起こっていたことを、正直に見つめて語ってみればよい。仲間は非難せず聞いてくれた。それがよかったのだと思っている。なぜなら、私は「自己受容」をしていたのだと思うからである。自分の中に起こってきてしまう感情は如何ともしがたい。それを拒否せず、素直に見つめてみると、自分の感情として受け入れられてくる。そうすると、自分が楽になってくるから不思議だ。

●振り返りのポイント

さらに、カウンセリングを学習し、エンカウンターの体験者でもあった片野智治は「ねらいは何だったのか」「生徒の言葉の意味をどんなふうにとらえたのか」「介入の言葉は、何が目的だったのか」などと質問してくれた。質問されることによって、「自分は何がしたかったのか（ねらい）」「自分はどのように動いたのか（実際にしたこと）」が、わかってきた。人間のむずかしいところは、自分がしようとしていたことと、実際にしていることに違いが生じることである。そのことを見つめる援助をしてもらったのは、幸せなことだった。

これは、エンカウンターを実施したときだけでなく、授業や生徒の相談を受けたときなどに、自分を振り返る時の視点としても大切なことである。つまり「自分がしようとしていること」と「実際にしていること」が冷静に見られるようになることが、教師の技術を上げていくポイントなのである。

●自分育ての自己評価

さて、私が振り返って自己評価するときには「自分育て」をするつもりでやろうと思っている。できなかったところだけを見るのではなく、できるようになったことに注目していく自己評価法である。学校の日常は目に見えない仕事が多く、意外と多忙なものだ。自分の都合に合わせて他者がいるわけではないので、いつでも他者からアドバイスがもらえるわけでもない。また、ポジティブなアドバイザーが身近にいないことのほうが、現実であろう。だから、自己評価する習慣が必要なのだと思っている。自分で自分を励ますような、プラスのストロークを送る自己評価のほうが効果があると思う。

また、すべてが一度にうまくできるようになるわけはないのだから、小さな目標を立てて、少しずつリーダーとしての力量を高めていくことも必要である。例えば、簡潔なインストラクションをできるようになろうと課題を立てたら、その他が多少うまくできなくてもよしとする。そんな「自分育ての自己評価」である。マイベストでいいのだ。もちろん、巻末の仲間のフィードバックがあるにこしたことはない。エンカウンターの実践者一覧、巻末のE-net2000で探しておくとよい。

［吉田隆江］

学級経営に位置づけた評価

中学二年生の二つのクラスで、学級担任をリーダーとするエンカウンターを数回行う機会があり、私もそこに参加した。学級や生徒についての共通理解を図り、学級経営計画に基づくエクササイズの指導展開を考え、評価、反省、振り返るのが目的であった。

このときのことを念頭において、学級経営に位置づけたエンカウンターの時間を、どう振り返ればよいかについて述べたいと思う。

ねらいの明確化から

エンカウンターの時間をどう振り返るかは、どんなねらいで実施したのかと深く関わってくる。まず、エンカウンターの時間を自分の学級経営にどう位置づけたのか、どんな目的で実施したのかをはっきりさせたい。

私たちは学級経営と照らし合わせ、①話し合いができる、②役割を果たせる、③協力できる、の三つの下位目標を設けた。

次に、ねらいが達成されたかどうかはどんなふうにしてわかるのか、活動中の子どもたちのどんな行動を見ればわかるのかについて考え、次の五つの観点から子どもたちの行動を観察した。これらは、授業を展開する際の観点とよく似ていると思う。

活動場所での集合の様子

集合時間までに来たか。積極的に来たか。うなだれた様子の生徒はいないかなど。

集合の様子は、この時間への期待や意欲を知るうえで欠かせない。また、振り返り用紙には「楽しかった」と高く評価しているのに、実際には少し元気がなかったなど、内省報告と実際が異なる場合もあるので注意する。

指示や教示への反応の様子

指示や教示の前後の様子。指示や教示を聞く様子。抵抗を示していないかなど。とくに非言語的表現としての姿勢や態度。

教師の指示に対してどのような反応を見せるかも、ねらいの達成に影響を与える。聞く姿勢や態度ができず、指示などが伝わらないときには、エクササイズがうまくいかない場合が多いからである。

グループ活動の交流の様子

最初に話しかける生徒、話しかけられる生徒はだれか。話しかける頻度の多い生徒、少ない生徒はだれか。話しかける内容はどうか。もの言いの様子、聞き手の様子、その応答の様子はどうかなど。これには非言語的な表現としての姿勢や態度も含む。

グループの話し合いにおける言葉のやりとりや、身ぶり手ぶりの様子は、生徒の参加状態を示している。だれがだれに働きかけているか、どんな表情をしているかから、グループの交流の状態を知ることができる。

グループ活動での役割分担や協力の様子

リーダーシップをとる生徒はだれか。メンバーシップの様子はどうか。どの生徒がどんな役割を果たしているか。役割分担や共同活動の様子、グループの雰囲気はどうか。人権侵害を受けている生徒はいないか。心的外傷を受けている生徒はいないか。抵抗を示している生徒はいないかなど。

これらから、グループの中での役割関係や位置関係を知ることができる。例えば線で結んで図示しながら、グループ活動中の生徒の様子をメモしておくようにするとよい。

シェアリングの様子

思ったことや感じたことが言えているか。相手の感想をどう受けとめているかなど。

自分の素直な感想や気づきが表明でき、それが好意的に受け入れられるのは、自己開示できる関係ができている証拠である。エンカウンターの成否を判断するうえで、大切な視点である。

参考になる本

行動観察のさらに具体的な観点の参考として、次の二つをあげる。

①大関健道「エクササイズ中にやること」『エンカウンターで学級が変わる　中学校編』図書文化社　p.78～p.81

一人一人の表情と動きに着目した観点を列挙している。「参加のしかた」「メンバーの感情」「グループ内のコミュニケーション」「グループの雰囲気」のそれぞれについて、観点を詳しくあげてある。

②片野智治「のれない子どもたちへの目」『エンカウンターで学級が変わる　小学校編2』図書文化社　p.20～p.21

うまく参加できない子どもの行動と対処法が具体的に列挙されている。

［佐飛克彦］

振り返り用紙に「楽しくなかった」の記述があった！

●「楽しくない」と書かれても平気なはずが……

一昨年、私は構成的グループエンカウンターを朝の会と帰りの会の時間帯に実施して、自己受容が高まるか研究していた。予備調査で中学校二年生の学級に入れてもらい、実際にエクササイズを実施した。自己受容にいたるためには、自分自身の短所を見つめてリフレーミングするエクササイズや、拒絶されることがどんなにつらいか身をもって感じる必要もあったので、傾聴スキルのエクササイズをあえて組み込んでいた（拒否的な聴き方と受容的な聴き方の双方を経験する）。だから、振り返り用紙に「楽しくなかった」と書かれてもさほど驚かないし、うまくいっていないと思い悩むこともなかった。

しかし、私自身がワークショップに参加してほのぼのと心があたたかくなったエクササイズ「私はあなたが好きです」に対する振り返り用紙の記述の中に、「楽しくなかった」という文章が目に入ってきた時には落ち着いていられなかった。振り返り用紙には、エクササイズに関して四段階で評定する部分を設けていたが、「エクササイズは楽しかったですか」という設問に対して、「あまり楽しくない」「楽しくない」を選択している生徒が見られたのである。

●「好き」という言葉への抵抗感

調査終了後、生徒になぜ嫌なのか聞いてみた。すると、自己盲点が明らかになった。「好き」という言葉から連想されるのが、いわゆる彼氏・彼女の関係で使うような、男女関係の「好き」とイメージしている生徒の存在が少なからずいること、ふだんの生活の中で、他者や自分を臆面もなくほめる、認めることを恥ずかしがっていることがわかった。たかだか言葉二文字で、とも思うが、それほど言葉のもつイメージの力は大きいのである。本調査に向けて、まずエクササイズ名を「そこがあなたのよいところ」と変更した。さらに、じっくりとレクチャーして、エクササイズを行う意味・意義と手順を十分に説明するなど、いくつかの改良を施した。

●それでも「楽しくない」生徒の気持ちを聞いてみた

年度が変わり本調査に入った。万全の体制で臨んだ。しかし、再び「楽しくない」という記述を見て、私は躊躇した。自信をもっていただけに、ショックは大きかった。

エクササイズの全プログラムが終了してしばらく経ったある日、何人かの生徒に面接を行うこととなった。面接の中で、生徒たちは全プログラムに入る前の導入で行った説明のまずさ、相手を拒否することへの抵抗感、プログラム初期に感じたエクササイズを行うことへの違和感を話した。しかし、こうも言ったのである。

「したくなかったんだけど、終わってから考えてみると（やってみて）よかった。今の自分はいいほうに変わった気がする。全体的に自分の感情を見つめた感じがした」

また、こんな生徒もいた。フリーウォークに関しての感想である。

「なんか一人でいるとさびしいから、みんなと一緒にいたいと思う。だけど、一人で自立みたいなものをしたいなって思った。（エクササイズの後は）ちゃんと一人で考えるようになったからよかった。一人で考えてると自分自身を見つめちゃう。これがさびしいっていうのにつながってるんだと思う」

このように、終了直後に効果がないように見えても、エクササイズを受けた体験が生徒の中で徐々に内面化され、以後の経験の中で「はっ」と気づくこともあるのではないだろうか。これは、後でじっくり効いてくる薬（漢方薬）にたとえられる。

●みんなが楽しいと書いたらよしとするのか

現在は担任をもっていないので、担当教科の中で時折エンカウンターを実施している。振り返り用紙を書かせ、内容を確認していたが、ある日学年主任に諭すように言われた。「髙橋さん、エンカウンターもいいけど、なかには嫌がっている生徒もいるみたいよ」

振り返り用紙をチェックした時にはそんな表現や評定はなかった。油断だ。振り返り用紙に「楽しくない」「嫌だ」と書いていないからといって、それで問題なしとするのは間違いではなかろうか。生徒たちはみんなと同じでないと不安で、教師の期待を敏感に察知し、それに応えようとする傾向が強い。これをふまえるべきだった。また、敏感な生徒は想定した以上に深いところまで見つめてしまうこともあるだろう。それが「楽しくない」につながるのではないか。

「エンカウンターは楽しくなければならない」「振り返り用紙にすべて自分の感情を記述している」というのはイラショナルな考えではないだろうか。振り返り用紙は一資料であり、さまざまな側面から生徒を詳細に見つめる必要があると思う。

［髙橋浩二］

個別援助をどうするか

私はこれまでに病弱養護学校や適応指導教室に通う、不登校を背景要因に持つ中学生にエンカウンターの実践を行ってきた。そして、元来、普通学校児童生徒を対象に行われてきたエンカウンターが、十分なウォーミングアップと段階的なエクササイズを実施することで、不登校傾向の生徒に対しても、成長を促す有効な手段になり得るという確信をもつようになった。とはいえ、多くは、集団活動に苦手意識をもつ生徒たちである。

エンカウンターの活動の中で、生徒はさまざまな反応、表情を見せてくれた。「自尊感情を高めたい」「リレーションをつくりたい」等、私の願いどおりに「エンカウンターにのる生徒」もいれば、願いとは裏腹に「のれない生徒」もいた。本項では、後者の「のれない生徒」に焦点を当てる。

エンカウンターを進めるリーダーとしての教師は、活動の中でどのような反応を示す生徒にとくに注目すればいいのか、そして、エンカウンター後にどのような個別援助が必要になってくるのか、事例を通して提言したい。

振り返り用紙に「楽しくなかった」と書いたA男、エクササイズの途中に教室を抜け出したB男、活動中、ほとんど発言しなかったC子について、具体的にどのような個別援助を行ったかを示し、よりよい個別援助のあり方を考える際の話題提起になればと考えている。

「なぜ?」より「どうすれば?」

あるエクササイズの振り返り用紙に、A男

が一言「楽しくなかった」という感想を書いた。私としてはA男に「なぜなの？」と聞きたいところだったが、たとえ聞いたとしても、今後に向けた前向きな回答が得られることは少ないだろうと考え直した。さらに、私の「なぜ？」という問いかけには、A男に対する非難のニュアンスが含まれてしまうだろうと感じた。

そこで、次回以降の活動に焦点を当て、「今度はどうすればいいかな？」と問いかけた。この問いかけは、A男に投げかけるのと同時に、教師である私自身にも投げかけた言葉である。A男を問いただしたり、非難したりするのではなく、「次は一緒に、よりよい学びの時間を創りあげていこう」という思いを込めたメッセージは、A男とのやりとりをスムーズなものにしてくれた。このようなメッセージの繰り返しが、事後の効果的な個別援助になり得ると考えている。

勇気づけのメッセージ

B男は集団への苦手意識が強く、エンカウンターをはじめとするさまざまな集団活動への参加がむずかしい生徒であった。毎回「俺は出ないよ」と言って教室にすら入らなかったが、年度の後半になって初めて参加した。だが、十分間のゲーム的なウォーミングアップを終えると、パッと教室を飛び出していってしまった。しかし、強引に教室に連れ戻したのでは「強制的グループエンカウンター」になってしまう。

そこで、次回以降の参加につながることを

願い、十分間の参加に対するB男へのメッセージを送ることにした。「君が今日の授業でみんなと一緒に活動しているのを見て、私はとてもうれしかったよ」というメッセージである。B男の行動に対して、「今日はえらかったね」と評価するのではなく、教師である私自身がどのように感じたかという「アイメッセージ」を伝えたいと思った。

このとき、「えらいね」と一言声をかけなかったのは、B男にとって、ほめ言葉が「俺は先生に期待されてるみたいだな。次もがんばらなくちゃいけないのかな」という余計なプレッシャーを与える可能性があると考えたからである。生徒が確実に次に進む勇気を与えることのできるメッセージとは、感謝の気持ちを込めて教師自身の感じ方を伝えることである。この「アイメッセージ」も、事後の効果的な個別援助になると思われる。

生徒から生徒へのメッセージ

C子はエンカウンターには毎回参加するが、発言が少なく、表情の乏しさが気になる生徒であった。できればエンカウンターに出たくないと私に伝えたいのだが、いわゆる「いい子」であるために、自分の本当の気持ちを抑えてしまうようなところがあった。

また学校生活全般における行動や言動から、自分に自信がもてず、自己受容ができていない様子がうかがえた。長所も短所も含めて「今の自分でいいんだ」という自己受容を促すためには、重要な他者からの評価がポイントとなる。とくに、青年期においては、友人

となる。私からC子に対して「私は今のあなたのままでいいと思っているよ」と伝えたが、C子の心を揺さぶることができずにいた。自己概念を修正するには多くの時間を要するため、教師としての個別援助を長い目で続ける必要があった。

ところが、あるエクササイズにおいて、学級の友達から「あなたの〇〇なところが私の憧れ」「あなたの〇〇がとっても好き」というメッセージカードをもらったとき、C子は「こんな私でいいの?って思ったけど、とってもうれしかった」という感想を述べた。

このC子の事例を通して、私は「生徒から生徒へのメッセージ」が、非常に効果的な手だてになるということを強く感じた。教師から生徒への「縦の援助」だけではなく、生徒から生徒への「横の援助」の視点も大切にしたい。仲間同士による支え合い、すなわち「ピアサポート」の状況づくりという援助である。

本項では三つのメッセージについて、エンカウンター事後の個別援助の具体的方策として提言した。他の学校生活場面においても、生徒はさまざまにつまづくことがあるだろう。その時に、「大丈夫だよ、一歩ずつ前に進んでごらん」という思いを込めながら、生徒を支えるメッセージを送り続けたい。

[曽山和彦]

振り返り用紙の工夫と処理

ここでは、エンカウンターのエクササイズを実施した後、子どもたちがそのエクササイズを通して感じたこと、考えたことを個人で振り返るための「振り返り用紙」の工夫と、その活用のしかたについて述べる。

振り返り用紙に書く意義

私の場合、エンカウンター実践の初期のころ（平成二〜四年ごろ）から、エクササイズを行った後には、必ず生徒に振り返り用紙を書かせていた。そして、それをもとにグループや全体でのシェアリング（気づきや学びの共有化）を行っていた。

シェアリングの前に、振り返り用紙を書かせるのには理由がある。それは、その生徒独自の気づきや学びを大切にしてほしいという願いからである。グループの人間関係によっては、特定の生徒の発言が大きな影響をもつ場合があるからである。

共通項目と各エクササイズに固有の項目

次ページに載せてあるのは、エクササイズ「感情を表現しよう」の生徒用振り返り用紙で中学生向けのものである。

自己評価の項目1と2は、このエクササイズのねらいに則したものである。よってエクササイズごとに変更する。例えば、エクササイズ「男らしい・女らしいってなあに？」の振り返り用紙では、ねらいにそった評価項目は次のようになる。

1　いままで気づかなかった仲間の考えを知ることができたか

感情を表現しよう

<ふりかえり用紙>

平成　年　月　日

年　　組　　番　氏名

※今日のエクササイズ（実習）を通して，あなた自身がどのように感じたり考えたか，ありのままに答えてください。

	そう思う	ややそう思う	どちらともいえない	ややそう思う	そう思う	
1．いろいろな「感情」を，はずかしがらずに表現できた						いろいろな「感情」を表現することが，はずかしかった
2．仲間の感情表現をしっかりと受けとめることができた						仲間の感情表現をしっかり受けとめることができなかった
3．今日のエクササイズを楽しく行うことができた						今日のエクササイズは，つまらなかった
4．自信のある態度でエクササイズに参加することができた						エクササイズのとき，不安だった
5．心を開いてみんなと接することができた						仲間と距離をおいて接した
6．仲間の目を見て会話ができた						仲間の目を見て会話ができなかった
7．仲間の話を真剣に聞くことができた						仲間の話を真剣に聞くことができなかった

<今日のエクササイズを通しての，あなたにとっての「新しい発見」>

<気づいたこと・感じたこと・学んだこと>

2　男らしさ・女らしさについて、自分の考えを再発見したか

また項目3～7は、どのエクササイズにでも共通して使えるものである。これらの自己評価項目の下には、二つの自由記述欄を設けてあり、評価項目にとらわれずに、新しい発見や気づきや学びをその生徒なりに書けるようにしてある。

振り返り用紙の活用のしかた

エクササイズごとに生徒に書いてもらった振り返り用紙を、活用するための具体的な方法は次の六つである。

(1)　実施したエクササイズのねらいがどの程度達成されたか、項目の1と2を数値化して検討する。

(2)　各エクササイズの評価として、項目3～7を数値化して比較する。

(3)　すべての項目についての数値を、リーダーとしての反省材料として検討する。

(4)　学級の中で「気になる生徒」について、エクササイズごとにどのような自己評価や自由記述をしているのか、その変化を調べて日常の行動の観察と比較検討する。

(5)　否定的な自己評価をしている生徒、エクササイズで心理的ダメージを受けた生徒を発見し、その後のフォローアップをする。

(6)　「新しい発見」「気づいたこと・感じたこと・学んだこと」の自由記述の内容や、書かれている量（数）をもとにして、(1)から(5)のことを同様に検討する。　［大関健道］

エクササイズの手応えが日常に現れない

エンカウンターの授業を参観した校長から、「活発に意見を発表するいい授業だったと思うが、これがじっくりと思考を深めていくような学級の雰囲気につながっていくのだろうか」と聞かれたことがある。また、エクササイズを実施してねらったとおりの手応えを得たが、その後の学級の雰囲気にはあまり変化が感じられない、という失望感をもつこともある。この点について、私は次のように考えている。

●学校教育におけるエンカウンター

エンカウンターの思想は、「それぞれの気づきをまず大切にしよう」という点にある。だから、シェアリングの進め方はオープンエンドで、リーダーがまとめることはしない。無理にまとめなくても、六つの原理（自己受容、自己開示、自己主張、他者受容、信頼感、役割遂行）を生かしていくことにより、ジェネリック（包括的）な目的、すなわち自己の成長に結びついていくと考えるからだ。

いっぽう学校教育では、「ねらい」のない授業は存在しえないので、一回一回の授業ではスペシフィックな（特有の）目的をもったエンカウンターを実施する。それを積み上げた一年間のプログラム全体で、ジェネリックな目的を達成しようというわけである。このとき、私たちが毎回のスペシフィックな目的をどこに置いているかというと、大きく二つの段階にまとめられるのではないかと思う。つまり、集団の中で人間関係を深める段階と、その人間関係を生かして各人の成長を図る段階である。

この二つの段階を大胆に学校教育の枠組みに当てはめてみたい。人間関係を深める段階は「学級活動」の時間、そして自己の成長を図る段階を社会共通の価値観を内面化することととらえて、「道徳」の時間であるとしてみよう。

そうやって整理すると、本稿のテーマがよりはっきりしてくる。つまり、学級活動の時間に人間関係を促進させるエクササイズを行ったときは、手応えが日常の学級の雰囲気に反映している実感があるのだ。子どもたちが感じたホットな感情は、教師が方向づけしなくても自然とその後の学級に生きてくる。そして、成果が日常に反映しないなぁと悩むのは、価値観を内面化させ、さらに行動化させようとしたときである。例えば、自主自立の精神とか、礼儀をわきまえた言動とか、他者への感謝・思いやりの心、役割と責任の自覚などをねらいとしてエンカウンターを実施したときである。

●価値観を明確にするシェアリング

「他者への感謝や思いやりの大切さ」に気づくようなエクササイズ後のシェアリングでは、一人一人の感じ方を大切にしながら、子どもの発言を通してその子が持っている価値観を明確化し、意識化していく必要がある。これを導くのはリーダー（教師）の役割である。

そのためには、子どもたちの多様な感じ方をていねいに扱いたい。とくにジレンマを感じている子ども、テーマに対して反発を感じている子どもの気持ちである。

従来の道徳なら、そういう気持ちは置いてけぼりにされ、教師主導でまとめに入るところである。そこをしっかりと引き出すところが、まさにエンカウンターである所以であろう。なぜ葛藤しているのか、なぜ反発を覚えるか。その感情を受容しながら、明確化していくことである。時間を気にして焦ることは禁物だ。一発勝負で終わらないのが、学校でのエンカウンターの強みである。いったん終了した後に、読み物資料を配付したり、紙上シェアリングの形でフィードバックを継続したりできる。

このようにして、エクササイズを通してねらった価値観を明確化、意識化する努力なしに、エンカウンターの成果が日常化しないという愚痴は禁物である。

●定着化への事後プログラム

さて、エンカウンターという体験学習を通して、意識の変容（ねらった価値観の内面化）がたしかに起きたとしよう。ところが、子どもたちの行動は一向に変わらないことがある。これには悲観的になるべきではない。意識の変容が行動変容になるまでには、タイムラグがあるからだ。しかし、ただ傍観していては、ついに行動変容が起きないままになりかねない。そこで、行動療法理論やソーシャルスキルの技法を範として、意識の変容を行動変容につなげるような、定着化のプログラムも必要になる。

例えば、感謝や思いやり心の大切さを実感したら、それを相手に伝えるスキルを考えさせたり教えたりするとよい。そして、友達や兄妹や親、地域の大人相手に日常の場面で実践されるよう促すのである。具体的に一定の目標を設定して記録させたり、思い出して班の中で発表し合うなどの方法で、定着化を図っていくのである。

［藤川　章］

長期的な効果の見立て方

学級でエンカウンターを継続的・計画的に行った場合、学級集団と個々の生徒に現れる効果は次の二つである。

①学級の中の人間関係の広がりと深まり

②生徒一人一人の行動、思考、感情の変容

これらの効果にはそれぞれ、生徒の行動・言動や表情のように「外見的にわかる変化」と、生徒個人の感じ方や意識など外から見えにくい「内面的な変化」がある。

さらに、クラスの雰囲気のように学級の生徒の行動・言動や表情の総体として、教師が肌で「感じることができる変化」がある。

効果はどう現れてくるのか？

それぞれの効果には、エンカウンターを実施してすぐに現れる効果とそうでないものとがある。すぐに現れるものとしては、

・学級の雰囲気が、明るく楽しい、協力的でまとまりがあるように感じられる

・男子と女子の仲がよくなる

・それまであまり話をしたことがなかった仲間と話ができるようになる　など。

それに対して、エンカウンター実施後すぐに現れずに、数か月から半年、あるいは一年、二年という時間の経過とともに、じわじわと漢方薬のように効果が現れるものがある。

・生徒の思いやり行動（他者への共感・援助的かかわり行動など）が増加する

・人の話を傾聴することができるようになる

・自己開示ができるようになる

・自己表現・自己主張できるようになる

・自尊感情が高まる（自分が好きになる）

このように、学校でエンカウンターを行った場合、学級集団や個々の生徒に現れる効果の出かたは多様である。

エンカウンターがめざしているのは、①集団の中での「ふれあい体験」と、②個人の人間的成長である。後者②に関しては、学校でのエンカウンター実践による効果の中で、すぐには効果の現れにくいものである。長期的な見通しに基づく計画的・継続的なエンカウンターの実践が大切なものである。

すぐには現れない効果をどう見るか

長期的な視野で学級集団の成長と個々の成長を把握する方法を紹介する。

①観察法

これは子どもの言動・行動を、日常の観察によって把握するものである。現れない効果を観察するので、見えないものを見る工夫が必要だが、やはり第一にあげたい。

まず、子どもたちの表情や目つき、言動に注目。ポイントは「おだやかさ」である。

休み時間に一緒に話したり遊んでいる仲間に変化と広がりがあるか、出欠席はどうか、なども変化をつかむ手がかりである。

中高校では学級担任だけでなく教科担任にも観察に協力してもらう。小学校でも学年の先生や係指導の先生の協力を得たい。

②面接法

これ以降は子どもに直接問うものである。

まず面接法は、日常の生徒との対話や個別面接、班ノートや生活記録を通しての生徒との間接対話などで行う。具体的には「最近の君は変わったなと思うところはありますか。それはどんなところですか」などと問う。

③作文法

学期末などに書く振り返りの作文も有効である。機会を見つけ、「前と今を比べて、自分のどんなところが変わった感じがするか」を書かせるのだ。単純な方法だが、子ども自身の言葉で雄弁に語られる場合も多い。

④質問紙法

いわゆるアンケート調査である。調査の信頼性を高めるには、無記名で書いてもらうほうがよい。だが生徒個々の変容を探るためには記名式にする必要がある。

エンカウンターの効果として、質問紙法で測定可能なものには次のようなものがある。

・自尊感情（自己肯定感）

・学級適応感（学校への関心、級友との関係、学習への意欲、教師への態度）

・学級雰囲気（学級風土）

・社会的スキル（共感・援助的かかわり、積極的・主張的かかわり）

・いじめ調査（いじめなどの人間関係）

・Q－U（学級満足度尺度および学校生活意欲尺度、自由記述からなる）

これらの調査を、学期に一回や年に二回ぐらいの割合で行うと変容がよくわかる。

ところで質問紙とその使い方については、大関健道「クラスの状態を知る方法」（國分康孝他編『育てるカウンセリングが学級を変える』図書文化）と、『エンカウンターで学校を創る』（國分康孝監修・図書文化）の二・五章を参照されたい。

［大関健道］

管理職・同僚・保護者に「何をやっているのだ」と言われた

「君のクラスだけ最近騒々しいが、いったい何をやっているのだ」

指導主事という仕事がら、他の先生からこんなふうに言われたり、直接言われなくてもそう言いたげな目線を感じている人の相談にのることがある。これだけエンカウンターが市民権を得ても、まだまだ「あんなこと一～二回しただけでどうなる」「ゲームをしてるだけじゃないか」等の批判は多いのだ。

●理解不足からの言葉だったら

こんなとき、私はまずその先生に尋ねてみる。

「先生は、学校の中でお一人でエンカウンターの実践をなさっているのですか。そうだとしたら、これは先駆者の受難です」

はじめの一歩を踏み出す者は、なかなか理解されないものだ。気の合う同僚、できれば学年の先生方に輪を広げることから始めるしかない。まずはいちばん仲のよい先生に

「一緒に勉強しませんか」と声をかけてみるよう私はアドバイスしている。勉強といっても、『エンカウンターで学級が変わる』の本を見せて、「こんなのをやってみようと思うんだけどどう思う?」「今度の学活にどうかな?」などと話し合うのである。

次にねらうのは研究主任との連携である。エンカウンターの求めるものは、いまの子どもたちに必要不可欠な要素で山盛りである。子どもの実態に即した自校の研究主題と、どこかで必ず合致するはずだ。「そのための方法なら、こんなものがありますけどどうですか?」と提案してみるのである。みんながのってくれれば、校内研修でエンカウンターをとりあげる意義を見いだしてもらえるだろう。

その際、研修会には外部講師を呼ぶと効果がある。自分で講師を努めてもよいが、周りの先生方の理解しがたいという気持ちはなかなか消えにくい。また、身内ゆえにエンカウンターへの抵抗感が頭をもたげやすい。外部講師のあては、本書巻末のネットワークを参考にするとよいだろう。必ず管理職にも参加してもらうようにお願いする。

ところで、「何をやっているのだ」というクレームが保護者から来た場合はどうしたらいいだろう。保護者会や授業参観の機会を逃さず、実際に子どもたちのエンカウンターを見てもらったり、保護者に体験してもらったりするとよい。親子でできるエクササイズを組んでみるのも一案である。そのときにはクラスの実態をもう一度よく把握し直し、あらぬ誤解が起こらぬように万全の配慮をする必要がある。

●もしかして私のやり方の問題？

ところで、苦情や非難は「もしかして私のやり方に問題があるのでは？」という謙虚さをもって受けとめることも必要だ。私が呼ばれた研究授業でこんなことがあった。

授業の前に私に相談にくるほど熱心な先生だった。しかし、授業が始まってみると「もう、どうして私の言うとおりにしてくれないの？」と困り顔の先生に、「こんなこと、やってらんねーよ」とばかりの子どもたち。とてもエンカウンターしようというクラスの状態ではなかった。なぜ、これだけの子どもたちの気持ちを事前につかむことができなかったのだろうか。気持ちの通わない、子どもにとっても先生にとっても参観者にとってもつらい一時間となってしまった。

このエクササイズは、本当にいまこのクラスに必要だったのだろうか？　騒々しさは意味のあるものだったのだろうか？　実践の積み重ねで、子どもたちによい変化が見えているだろうか？　自分が何をめざしてエンカウンターをしているのか、そのための活動になっているかを、ときには一つ一つ謙虚になって見直してみる必要がある。

しかし、これを一人で見直そうとしても堂々めぐりになる。相談できる人、エンカウンターを理解してくれる人に、「私、いまこういうことで困っているんだけど……」と話せることが大切だ。エンカウンターできる仲間は、教師にも必要なのである。

●ピンチをチャンスに！

なかなか効果が見えてこないときに、「何やってるんだ」の言葉に出会うと自信がなくなる。しかし、そんなときこそピンチをチャンスに変えてしまおう。実践のなかで感じているもどかしさも、エンカウンターのささやかな効果も、正直にていねいに相手に伝えるのである。

ともに成長していこうとする教師に、子どもたちはついてくる。教師が自分の気持ちを素直に語れるとき、子どもたちも素直な気持ちになることができる。これこそが本当のエンカウンターではないだろうか。

［鎌田好子］

「強制的グループエンカウンター」になってしまった

私の担当したクラスは、エンカウンターの実施で、いわゆる「よいクラス」になっていった。しかし、それにつれて「構成的」は「強制的」に歪められていったのだ。

●強制的グループエンカウンターとは

形はエンカウンターに似ているが、リーダーが影響力を行使し、自ら意図した方向に集団を誘導し、メンバー相互のホンネの交流を奪ってしまうグループ操作の手法。恐ろしいことに、無意識に行われる場合もある。

●うまくいっていた二年生

私は、前任の中学校で平成九年四月から二・三年と、このクラスの担任をした。当初から月に二回程度のペースで、エンカウンターを計画的に実施した。おもに学級や道徳の時間に展開したが、授業や集会などでもエンカウンターを意識してプログラムを構成した。

私は、担当するクラスや私がかかわる集団の子どもたちが、自己を素直に表現し、同時に、ありのままの他者を受け入れることにより、教師を含めて、互いに心の交流がなされることを意図していたのである。

その成果は、エンカウンターを継続して実施した私の担当クラスに確実に表れた。以下は、二年生の三月に出された子どもたちのクラスへの感想である。

「他のクラスとはちょっと異なったマイブームを常につくっている」「みんな個性豊かで、のびのびというかのほほんとしている」「このクラスはみんなが兄弟姉妹みたいだ」「互いが納得できるようにするため、決めることがなかなか決まらない」などなど。目的遂行への弱さは感じられるが、いっぽうで「クラスへの肯定感」「メンバー相互の精神的距離の近さ」「個々の考えを尊重する姿勢」を感じ取ることができる。

また、二人の転入生も「すぐに友達ができた」と口をそろえた。これは、他者理解が促進されたため、クラス集団が抵抗なく転入生を迎えられたのだと考えている。

●何かが違う

そして三年を迎えた。諸行事に意欲的に取り組むクラスに、私は満足していた。

六月下旬であったろうか、エクササイズ「どう接すればいい？」を行った。これは、友達関係に悩みをもった女子について、彼女の気持ちを話したり、自らの接し方について考えるエクササイズである。私は、子どもたちにとって身近で切実な内容でもあり、多くの感想や意見が出され、時間が不足するものと考えていた。ところが、すんなり終わってしまったのだ。それは、エクササイズでもシェアリングでも「自分の気持ちがわかってもらえるようにする」「友達のよいところを吸収しなければいけない」などなど、それこそ模範的な友達関係を示すような表現のみが相次いだからだ。

「他者理解が促進された」といえばそれまでだが、考えの絡み合いもなく、子どもたちはあらかじめ用意された正解を表したにすぎなかった。これには、いくら有頂天になり視野が狭くなっている私でも、クラスや子どもたちを違った方向に進めてしまっていることに気がついた。

●変化の原因

保存してあるワークシートを見直すと、進級を境に模範的回答の傾向が表れていた。それは、ちょうど、私がクラスの様子に満足し始めたころでもあった。

思い出してみると、私は子どもたちに「君たちは人のことを思いやる。本当によいクラスだ」「どんなことでも一生懸命やるクラスだ」などと、よく伝えていた。たとえ事実であっても、それだけがたび重なると「何が何でも人を思いやらねばならない」「絶対によいクラスでなければならない」とのイラショナルビリーフが、子どもたちの中に生まれる。また、それらがタテマエの設定になり、集団にはタテマエに向かって努力しなければならないとの雰囲気もできあがってしまう。

その結果、子どもたちは、私の期待どおりに模範的行動や望ましい人間関係を演じてくれたのであった。自己満足に満ちた担任の言葉は、子どものありのままの表現を阻害し、行動や思考を一定の方向に誘導してしまったのだ。

「何のためにエンカウンターをするのか」という問いに、私は、口では「心の交流をするため」と答えたであろう。しかし、実際は「扱いやすいクラス」や「自分の思いどおりになるクラス」を、無意識のうちにめざしていたのだ。

かつての私こそ、強制的グループエンカウンターの名手であったのだ。

［今井英弥］

継続して実施するプログラム作りの工夫とは?

●共通理解を忘れると

以前こんなことがあった。総合的な学習の時間に、エンカウンターをいくつか組み入れた時のことである。その計画を学年会で説明しているとき、「なぜこんなものを入れるの? 総合とは関係ないじゃない」という反応が返ってきた。そのときは、「総合の究極的な目標『生きる力』の基礎・基本に『人間関係づくり』がある。とにかくやってみよう」ということで理解してもらったつもりでいた。

しかしこの単元が終わって振り返りをしているとき、「子どもたちは喜んでいたようだけど、単なるお遊びじゃない。人間関係は、総合をやっているうちに自然についてくるものよ」という意見が出された。これでは子どもの人間関係は深まっても、学年内教師の人間関係が希薄になってしまう。また教師の高齢化が進めば、「新しいものを取り入れずに現状を維持したい」「教育相談=心理学のむずかしい勉強」と、物事を否定的にとらえがちになる傾向が現れやすい。つまり、新年度当初からエンカウンターのねらいや効果について説明し、必要に応じて展開しているところを参観してもらい、理解を深めてもらうこと。これが継続的なプログラムを実践していくための第一歩である。

●ねらいと実態に応じたエクササイズの選択

プログラムの内容は、大まかにいえば、一学期はおもにリレーションづくりを、二学期は自己理解、他者理解を、三学期は自己受容と別れと出会いの意味を理解できるものをねらいとしたエクササイズを配置するようにするとよい。また学級・学年の実態に応じて選択することも大切だ。初期には動きのあるものがよいだろう。

小学校低学年では短時間で繰り返し実施できるもの。中学年では低学年のものに加え、自己理解や他者理解が期待できるもの。高学年では身体接触に配慮しながら、肯定的な自己概念の形成に寄与するものや、別れと出会い・中学校生活を意識したものを選択する。高学年向き、中学生向きとされているエクササイズでも、アレンジのしかたによっては中学年、低学年で活用できるものもある。

●年間の教育課程を見通す

次に学校行事や教科の学習内容をうまく活用する方法を考える。例えば、体育で鬼遊び的なことがあれば「凍結鬼ごっこ」。社会科歴史学習の導入に「サバイバル原始時代」。総合的な学習の時間で異文化理解的なことがあれば「私の国際交流」。林間学園や修学旅行の夜の集いのプログラムとして、学年の人間関係を深めるエクササイズ「四つの窓キャンプファイアー編」。運動会シーズンでは練習に追われたり勝負にこだわりすぎたりし、まわりを見る余裕がなくなってくることがあるので、あえて短時間で継続的に行うことができ、しかも自分や友達のよさがわかるようなエクササイズ、「今日（今週）のスポットライト」。

また、新年度には「出会いのエクササイズ」、年度末や卒業期には「別れの花束」「いいとこさがし」など時節にあったエクササイズを選択する。さらに、授業参観や懇談会で子ども・保護者・教師相互の人間関係を深めるような「自分の口癖」「わたしのしたい十のこと」を、子どもは自分の、保護者は自分が子どもの時やわが子の考えを予想して行う。

●チャンスを逃さない

一年間にはいろいろな出来事がある。グループ間の排他傾向の出現、いじめ、暴力等。これらはないにこしたことはないが、腹案を持っておくと必要が生じた時に、即実践することができる。したがって、年間プログラムは余裕を持って作成する。そして、子どものモチベーション、レディネス等によりプログラムを臨機応変に変更することも念頭に置いておきたい。

また、「新年度第一日目」これが第一のチャンスである。学級数の少ない学年では、学級編成がえの有無にかかわらず、単なる自己紹介で終わらせずに「私はわたしよ」などを実施すると効果的だ。これは学期始めなどにも活用できる。大きく編制がえのあった学年では「他己紹介」「先生を知るイエスノークイズ」などを行うとよい。これで子どもたちのモチベーションの高まりが見えたら、年間プログラムを紹介するのである。思いつきで実施していると、「先生、次はいつ何をやるの」の問いに、「それはヒ・ミ・ツ」としか答えられない。プログラムを示せると、モチベーションの高まりが見られる。

〔髙橋伸二〕

保護者会でのエンカウンターがおすすめ

年度はじめや学期末の保護者会は，体育館などを会場にしての「全体会」が開かれる。この全体会では，校長からの話や，生徒指導主事から生活面についての報告，保護者へのお願いなどが話される。参加した保護者は，基本的に校長やその他の教師の話を聞いているだけである。質疑応答の時間も設定されるが，質問する保護者はまれである。つまり，一方向のコミュニケーションの場なのである。

全体会の後には「学年懇談会」や「学級懇談会」が行われるが，学年やクラスによっては，この懇談会の場もほとんどが教師の話を聞く時間になると見聞きしている。

これでは，なにか子どものことを話したい，あるいはほかの保護者の考えも聞いてみたいという欲求は満たされない。もの足りない思いを抱えて保護者が家路につくことになりかねない。

そこで，わが子のことを「話したい・聞いてみたい」という保護者の欲求を満たし，さらに保護者同士のリレーションづくりに有効なのが，学級懇談会や学年懇談会で行う保護者対象のエンカウンターである。

保護者会のエンカウンターで好評なエクササイズは，「ネームゲーム」「身ぶり手振り・新聞紙の使い道」「私はわが子が好きです。なぜならば…」「三人寄れば文殊の知恵」「親子のロールプレイ」「親と子のエゴグラム」などである。ネームゲームでは，自分の名前を言うときに，わが子の長所や親として気に入っていることをつけ加えるようにするとよい。　［大関健道］

7 エンカウンター七不思議

エンカウンターでは怒ってはいけない?

　カウンセリングの勉強を始めると、多くの教師は、受容的な態度で子どもに接し、子どもの話によく耳を傾けるようになる。このこと自体はたいへん素晴らしいことであり、多くの教師が身につけてほしい態度であると考える。

　ところが、その態度が強調されすぎて、しかるべき時にもしからなくなってしまうと、教師としては失格である。しからなかったら、その行動は容認されたと子どもが学習してしまうからである。しかることは子どもの成長に必要なことである。問題は、「いかにしかるか」である。

　エンカウンターの場合も同じである。「エンカウンターは、本音と本音のふれあいの場であるから、リーダーは怒るべきではない」というビリーフ（考え方）にとらわれることがある。リーダーが怒ってしまうと、本音で語り合う雰囲気が台無しになってしまうのではないか、と思うことがある。子どもたちの態度がよくなくて、怒ってしまうこともあるが、後で「もっといい進め方はなかったのか」と落ち込むこともある。

そこで、私はこのようにビリーフを修正した。「エンカウンターを、怒らないで進められるにこしたことはない。だが、怒りたくなることもあるし、子どものためにも怒ることが必要な時もある。その時には、ためらわずに怒ってもよいだろう。ただし、上手な怒り方ができるよう、努力は惜しまないようにしよう」。

では上手な怒り方とは何か。それは、気持ちを語ること、気持ちを伝えることである。

「今は、みんなの話を聞く時間です。あなたも大事なメンバーの一人だから、一緒に参加してほしいのですよ」「あなたの言葉を聞いて、とてもびっくりしたわ。私はそういう言葉は使ってほしくないの。悲しい気持ちになるわ」「先生がしてほしいのは……」

これらは、自分の気持ちを語る「アイメッセージ」である。相手の非を責めるのでなく、こちらの気持ちを伝え、どうなってほしいのかを語る。伝える時には、静かなトーンの中にも、真剣さを込めて語る。そのメッセージが相手にどう伝わるか。リーダーとしての本音を語り、相手の反応を待つ。これも一つのエンカウンターだと思っている。

［朝日朋子］

ウォーミングアップは必須だ？

ウォーミングアップとは導入のエクササイズである。その日のねらいにしているエクササイズをスムーズに行うための、事前のエクササイズなのである。近くの人と握手したり、肩をもみ合ったりして、リラックスした雰囲気をつくり、エクササイズで本音を言いやすくする効果を期待して行う。だが、ウォーミングアップが予定の時間を大幅に超えてしまったり、ウォーミングアップのほうが「ノリ」がよくて中心エクササイズの印象が薄れてしまうことがある。とくに小学校では、四十五分間（一単位時間）で行おうとすると、やり方の理解に時間がかかり、本題のエクササイズの時間が足りなくなってしまうことが、よくある。また、教師自身がストレートにエクササイズに入れないために、前置きになっている場合もある。できるだけデモンストレーションをしっかりすると、ウォーミングアップはせずにすむ。だから、ウォーミングアップは必ず行わなければならいのかの問いに対する答えは、NOである。省略することができる。

『エンカウンターで学級が変わる』シリーズでは、①ウォーミングアップ、②インストラクション、③エクササイズ、④シェアリングという手順を示してきた（『エンカウンターで学級が変わるパート1』「教室での流れ・手順」p.82）。したがって、ウォーミングアップは必ずやるべきだと考えている読者がいるならば、それは私たちの説明不足であり、おわびをしなければならない。ウォーミングアップは、もうリレーションができていて、すぐにでもエクササイズに入れる場合や、学級などで継続的に行っていて心身ともに準備ができているときには、省略できるのである。

つまり、メンバー同士の関係や、メンバーの体験の程度、その場の雰囲気や心身の状態などを考えて、ウォーミングアップが必要かどうかを見極めることが大切である。

エンカウンターの合い言葉に「しかけシンプル自然なシェアリング」（林伸一）がある。ウォーミングアップも、簡単に短時間でできるほうがよいようだ。食事に行って、メインディッシュの前にサラダやスープでお腹がいっぱいになってしまってはもったいない。ウォーミングアップは前菜である。さっぱりと、食欲を引き立てるものが好まれる。

［朝日朋子］

抵抗やダメージを生じさせてはいけない?

エンカウンターを進めていくと、グループに抵抗が生じたり、ダメージを受ける参加者が出てきたりする。エンカウンターが深まっていくと、必ずその場面に出くわすと言ってもよい。よって「抵抗やダメージを生じさせてはいけない」と考えるよりも、「抵抗やダメージが生じた場面では、どう対処したらよいか」を考えておくことが大切だ。

抵抗とは、エクササイズの実施に際し、照れたり、ふざけたり、参加を拒んだり、参加態度が消極的だったりするなどの状況をいう。具体的な対応について本書以外では、『エンカウンターで学級が変わる　パート2』に詳しい。國分久子は、「抵抗を糧として、グループを育てよ」と述べている（同書p.21）。具体的には、①今、このグループに抵抗が生じていることを指摘して全員の気づきを拡大し、②その抵抗の原因は何であるかを解釈する。子どもがグループの実態と向き合い、洞察が生じてグループネス（連帯感）を育てるきっかけにするのである。特定の子が「確かな抵抗」を示している場合には、片野智治の対応例が参考になる（前掲書p.25）。

いっぽう、ダメージとは「心的外傷」のことで、体験によって心の傷ができることである。私がリーダーを務めたエンカウンターでは、シェアリングの際、傷つく言葉をグループの子に言われた子と、教師向けに行ったエンカウンターで落ち込んでしまった先生のことが今でも気になっている。とくに後者の場合は、他の学校を訪問した時のことで、その事実をあとから間接的に聞かされたため、私としては直接会ってその方の気持ちを聞くなどの対応ができなかった。今でも心残りである。

それからは、インストラクションで、エンカウンターによりダメージを受ける場合があること説明し、体験の結果、心に引っかかる思いがあればぜひその思いを話してほしい、と伝えている。また体験講習会のような一回かぎりの出会いでは、会の終了後でも、担当者を通じて、その思いを伝えてほしいと依頼することにしている。

ダメージへの対応は、むずかしい場合もあるので、一人で悩まずに、信頼できる人に相談することも必要である。相談相手がいなければ、巻末の「E-net 2000」を利用することもできる。

［朝日朋子］

エンカウンターはよく見知った間柄では意味がない？

二学期になって初めてのエンカウンター。高校の国語の授業の中で、教材を通したエンカウンターを試みた。その結果、他のグループのクラスメイトへの理解が深まった。「あの人は嫌だな」と思っていた生徒も、「だれでもいいところがあるんだ」と見方が広がった。だから「よく見知った間柄のエンカウンターにも意味がある」と言いたい。

合宿制のエンカウンターは、原則として一人で参加する。「文化的な孤島」の中で、新たな自己との出会いをするためには、見知らぬ人同士のほうがよいからだ。ペンネームを使い、自分の出身や役職などはわからないようになっていて、個人の秘密は守られる。だから、安心して自己を表出できるのだ。また、人との出会いは、互いに知り合っていないほうが新鮮でもある。しかし、学校教育に取り入れるとき、このような本来のエンカウンターのやり方ではできない。基本的にＨＲ活動はクラスが単位となる。そこでの人間関係は、自然と固定されることになるから、「人間関係づくり」だけがエンカウンターだと思っていると、「よく見知った間柄ではやる意味がない」と考えてしまうのも当然である。

しかし、現状を見るにつけ、生徒同士に本当に内面を理解し合うような関係はできていない。「友人関係は固定化していて、新たな人と話す術をもっていない」。これが、私が高校生に聞いてみた答えの一つだった。だから、学校教育の中では、表面ではわからない友人の感情や、考え方、体験を知るような取り組みが意図的に必要だと思う。「深い人間関係づくり」を援助する必要があるということだ。

また、エンカウンターのめざすところは「自己発見」である。エクササイズを通して、感情をともなった気づき（私は私が好きですと言っていると、本当に自分のことが好きになっていくんだな、と体験として感じること）をすることである。それには、信頼のおける仲間が必要である。他者を鏡として、自分が見えてくるのが人間だからである。

よく見知った間柄の友人との「深いエンカウンター」は、友人関係の質を深め、安心と安定を生むに違いない。「人とつながっている実感」が、生きる源泉だからである。

［吉田隆江］

リーダーも参加しないとリレーションができない？

「リーダーもエクササイズに参加しないとリレーションができないのではないか」と質問を受けることがある。そんなことはない。デモンストレーションにおける自己開示をうまく活用して、リレーションをつくればよい、というのが本稿の結論である。

エンカウンターでは、リーダー（教師）と参加者（児童・生徒）のリレーションづくりが大切なことは言うまでもない。信頼できる人の言葉だから、その想いが伝わっていくのである。しかし、リーダーがエクササイズに参加してしまっては、全体を見ることができないから、リーダーとしての役目が果たせなくなる。リーダーのすることとは、エクササイズの構成、インストラクション（ねらい、やり方、留意点を伝えること）、デモンストレーション、観察や介入（どちらも全体、グループ別、個人に）など、けっこう忙しい。やらせっぱなしでは効果があがらないから、全体を見ながらも個人に目をむけていく必要がある。エンカウンターは一人一人の成長を目的とするからである。

では、どうしたらリーダーと参加者のリレーションがつくだろうか。まず、エクササイズそのものを、リーダーを知るものにすればよい。例えば、「先生を知るイエス・ノークイズ」（『エンカウンターで学級が変わる　中学校編パート1』より）、「出会いの一問一答」（片野智治）等によって、リーダーを理解してもらうのである。このときの留意点は、リーダーが自分を飾らずに語ることである。どうしても答えられないものには、「今は答えられない」と言うことである。これが、参加者へのモデルになる。

次は、エクササイズのやり方を伝えるときに、デモンストレーションをすることである。ここでも「自己開示」がポイントだ。エクササイズの内容を通して自己を語ることで、リーダー自身が理解されていく。率直に語るリーダーを見て、参加者は、あんなふうに言えばいいのか、自分も言ってみよう、という気になるはずだ。私自身の経験上、「先生の言うのを聞いて、先生に親しみを感じた」と言われることしばしばである。

みんなが楽しそうにやっていると、リーダーである私自身も参加したいな、と思うこともある。しかし「リーダーはさびしさに耐えられねばならぬ」のだ。そこにやりがいがある。

［吉田隆江］

活発に意見が出ないとシェアリングではない?

心に残る深いシェアリングの体験を書こう。平成十二年三月のこと。社会人を対象にした「エンカウンターの体験コース」(國分カウンセリング研究会主催の宿泊研修)で、全体シェアリングを行っていた時のことだった。全体シェアリングとは、参加者全員で、今日一日の体験を通して、「気づいたこと、感じたこと」を分かち合う時間である。合宿制のエンカウンターでは、一日の初めと終りに、全体シェアリングを入れる。「ライフライン」というエクササイズの後のシェアリングで、ある方の人生が語られたが、その後の全体シェアリングでは、意見がほとんど出なかった。語ることがなかったのではない。語れないほどの深い感激と、互いの人生を互いに味わい合うような、しみじみとした感情が流れていたのである。

そこでのシェアリングには、ほとんど言葉はなかった。しかし、そこにいた人たちの多くが人生の哀歓を味わっていた。一人一人さまざまな人生を生きていて、さまざまな苦しみや葛藤を乗り越えながら、今、こうして生きている。生きて互いの人生を認め合っている。いいとか悪いとかは関係なく、「人間っていいなあ」と思わされる時間が流れていたと、私は感じていた。あたたかい感情交流の瞬間だった。

これは、シェアリングの最も深い体験の典型的な例である。言葉はなくても、十分な分かち合い、気持ちの共有が行なわれていたのである。このようなことは、学校の中では起こりにくいかもしれない。だが、「活発に意見が出なければならない」というイラショナルビリーフにとらわれていては、シェアリングの本質を見失うことになる。言葉は少なくても、児童・生徒自身の本当に感じたことが語られたら、その一言を大切にすればいい。教師が、その言葉の中にあらわれる深い感情をくみ取れればよい。人は、自分の感情が伝わっているとき安心できる。わかってもらえたという気持ちになる。そこに他者とのつながりが感じられてくるからである。だから、言葉でなくてもその人自身が感じた想いを、みんなで感じ合うのも、シェアリングだと言える。全員がその感情を共有できるとは限らないのは言うまでもないが。リーダーは「心は熱く、頭はクールに」。感受性を高める必要がある所以である。

［吉田隆江］

楽しくなければエンカウンターではない？

●「楽しい」と「うれしい」と「ためになった」の違い

構成的グループエンカウンターのエクササイズには、それぞれ固有のねらい・目的がある。そのエクササイズのねらい・目的によって子どもたちの反応は違ってくる。

体を動かすウォーミングアップや「協力ゲーム」のように、仲間との一体感や楽しさを味わうものもあれば、「気になる自画像」や「親切カード」のように、仲間からのプラスのフィードバックをもらってうれしさを感じるものもある。また、「トラストウォーク」や「宇宙遊泳」のように、ためになる、すなわち多くの気づきや新しい発見をもたらすものもある。

生徒がエクササイズにのっていなかったり、楽しそうにエクササイズに参加していないと不安だという思いは、エンカウンターを始めて間もないころの私にもあった。しかし、「ジャガイモ君とお友達」というエクササイズを行ったとき、振り返り用紙に次のようなことが書かれていたのを読んで気づいた。「自分が手にしたジャガイモを観察し、その名前や生い立ちや家族のこと、そして将来の夢や希望を考えて書くのは、私にとってはたいへんな作業だった。でも、私のジャガイモ君をグループのみんなに紹介し終わったとき、なんだかこのジャガイモ君が自分の家族のように思えてきた」。

●「楽しくなかった」の中身の吟味を慎重に！

リーダーに求められるのは、エクササイズのねらいとプロセスにそって、子どもたち一人一人の反応に意識を集中すること、ネガティブな反応があった場合にその子の反応の意味と要因を的確に把握できる力量である。「楽しくなかった」という記述があった場合、その子どもの反応の中身はどうであったのだろうか。「今日のエクササイズは楽しくはなかったけど、自分にとってはためになった」「エクササイズそのものにはのれなかったけど、友達の話や先生の話を聞くなかで新しい発見があった」ということもある。だから「楽しくなかった」の中身を注意深く吟味することが必要である。

ただし、毎回「楽しくなかった」と反応する子は見落としてはいけない。学級やグループの人間関係のなかで孤立している場合もあり、要注意である。

［大関健道］

あとがき

青森明の星短期大学客員教授　國分久子

図書文化社出版部の東則孝さん、渡辺佐恵さんはエンカウンターで学級が変わるシリーズ（現在全十冊）の企画・編集の元締をつとめられ、どの本も大当たりであった。そしてこれらの本の共通項はエンカウンターの「エクササイズの解説」であった。

ところが本書は解説の本ではなく、リーダー同士のシェアリングの本である。いかにもエンカウンターらしい本である。「私はこうしている」「私はこう考えている」といったアイメッセージ（I-message）の本である。それゆえ、本書が機縁で全国のエンカウンターリーダーのネットワークができるのではないか。そんな気がする。

ネットワークができるとは、「教師のサポートグループ」と同じ発想で「エンカウンターリーダーのサポートグループ」が生まれるのではないかという意味である。

エンカウンターのスーパーバイザーは、今のところ十指を数えるくらいしかいない。

それゆえ、リーダー仲間が体験を語り合いながら、エンカウンターのリーダーシップの原理を開発していくことである。本書の各節はいずれも、サポートグループや研究グループで話題にすべきものである。

周知のように、ここ二年の間に教育カウンセラーへの関心が、燎原の火のように全国に広がりつつある。教育カウンセラーとは、教育とカウンセリングの両方になじみのある教育者のことである。そして本書の執筆者は、いずれも教育カウンセラーのイメージを、つまり、教育とカウンセリングの両方になじみがあるとはどんなことかを提示している。それゆえ私の印象では、本書の表題に副題をつけるとすれば「教育カウンセラーの思考と、感情と、行動と」になる。つまり、本書の第二の特質は、教育カウンセラーのイメージづくりの先がけをしたことになる。

本書の第三の特質は、エンカウンターが教師のプロフェッショナル・レベルを高めるという例証になっていることである。インストラクションや介入のしかたを工夫していると、たしかに授業や学級経営が上達してくる。コミュニケーションと自己主張の能力が鍛えられるからである。エクササイズやシェアリングの実施体験は、子ども相互の関係づくりのコツ（教師が見守るコツ）も会得させてくれるからである。

■執筆者紹介

（五十音順）

朝日朋子　台東区立台東育英小学校教諭　p.13,86,154,206,208,210
阿部明美　小山市立桑中学校教諭　p.82
石﨑一記　東京成徳大学教授　p.164
今井英弥　船橋市立旭中学校教諭　p.195
大関健道　野田市立福田中学校教諭　p.19,50,116,181,188,203,218
岡田　弘　聖徳栄養短期大学助教授　p.142
岡庭美恵子　前橋市立敷島小学校教諭　p.146
鹿嶋真弓　足立区立蒲原中学校教諭　p.96
片野智治　跡見女子大学客員教授・武南高等学校教諭　p.103,113
鎌田好子　市原市教育センター指導主事　p.191
加勇田修士　都立新宿山吹高等学校教諭　p.16,22,28,64,120,157
苅間澤勇人　岩手県立雫石高等学校教諭　p.60
川端久詩　横須賀市立公郷中学校教諭　p.67
岸田優代　長野市立南部小学校教諭　p.75
岸田幸弘　飯山市立第三中学校教諭　p.57
木村正男　岐阜大学教育学部附属小学校教諭　p.37
坂詰悦子　羽村市立羽村第三中学校教諭　p.123
相良賢治　北九州市立高須中学校教諭　p.127
佐藤克彦　酒田市立泉小学校教諭　p.138
佐藤節子　上山市立本庄小学校教頭　p.41
佐飛克彦　福井県教育研究所教育相談課企画主査　p.170
品田笑子　足立区立加平小学校教諭　p.45
鈴木由美　聖徳大学助教授　p.150
曽山和彦　秋田県立本荘養護学校教諭　p.177
髙野利雄　立教池袋中学・高等学校教諭　p.161
髙橋浩二　横浜市立領家中学校教諭　p.173
髙橋伸二　流山市立西深井小学校教諭　p.199
髙橋光代　川口市立並木小学校教諭　p.71
飛田浩昭　青山学院初等部教諭　p.106
中井克佳　三重県紀伊長島町立赤羽中学校教諭　p.33
仲村將義　沖縄県立那覇工業高等学校教諭　p.130
原田友毛子　所沢市立北小学校教諭　p.24
伴野直美　四日市市立山手中学校教諭　p.109
藤川　章　立川市立立川第九中学校教頭　p.184
別所靖子　さいたま市立大宮南小学校教諭　p.92
森田　勇　栃木県河内町立岡本小学校教諭　p.99
山宮まり子　千葉県沼南町教育委員会指導主事　p.54
横島義昭　茨城県教育庁高校教育課管理主事　p.78
吉田隆江　武南高等学校教諭　p.10,89,134,166,212,214,216

編者紹介

國分康孝　東京成徳大学教授　日本教育カウンセラー協会会長。1930年生まれ。ミシガン州立大学博士課程修了Ph.D.。ライフワークは折衷主義，論理療法，SEG，サイコエジュケーション，教育カウンセラーの育成。

國分久子　青森明の星短期大学客員教授　上級教育カウンセラー。1930年生まれ。ミシガン州立大学大学院で児童心理療法とカウンセリングを学ぶ。論理療法のA.エリスと実存主義者のC.ムスターカスに影響を受けた。

吉田隆江　埼玉県私立武南高等学校教諭・カウンセラー　上級教育カウンセラー。1956年生まれ。筑波大学大学院カウンセリング専攻修士課程修了。授業に生かすSEG・日常に生かすSEGを実践，主張している。

加勇田修士　東京都立新宿山吹高等学校教諭　上級教育カウンセラー。1945年生まれ。東京水産大学卒業。筑波大学大学院カウンセリング修士課程修了。日本に合った学校教育相談の理論化にエネルギーを傾けている。

大関健道　千葉県野田市立福田中学校教諭　上級教育カウンセラー。1955年生まれ。東京学芸大学教育学部卒業。平成6年度千葉県長期研修生として筑波大学大学院にて國分康孝よりカウンセリング心理学を学ぶ。

朝日朋子　東京都台東区立台東育英小学校教諭　上級教育カウンセラー。1956年生まれ。筑波大学大学院教育研究科カウンセリング専攻修了。エンカウンターを小学校の教科や道徳，総合に活用することを検討，実践中。

エンカウンタースキルアップ―ホンネで語る「リーダーブック」―

2001年6月15日　初版第1刷発行　［検印省略］
2009年8月10日　初版第5刷発行

©編　者　國分康孝　吉田隆江　加勇田修士
　　　　　大関健道　朝日朋子　國分久子

発行人　村主典英

発行所　株式会社　**図書文化社**
〒112-0012　東京都文京区大塚3-2-1
TEL 03-3943-2511　FAX 03-3943-2519
振替　00160-7-67697　http://www.toshobunka.co.jp/

装幀者　本永惠子
印刷所　株式会社　高千穂印刷所
製本所　株式会社　駒崎製本所

ISBN4-8100-1345-6
乱丁・落丁本の場合はお取り替えいたします。定価はカバーに表示してあります。